Reinisch
Senioren-Kompaß von A – Z

WRS-Ratgeber

Senioren-Kompaß von A – Z

von
Rechtsanwalt Dr. Günther Reinisch
Bankkaufmann Mark Reinisch
Simone Reinisch

WRS VERLAG WIRTSCHAFT, RECHT UND STEUERN

Die Deutsche Bibliothek – CIP-Einheitsaufnahme

Reinisch, Günther:
Senioren-Kompaß von A-Z / von Günther Reinisch: Mark Reinisch; Mark Reinisch; Simons Reinisch. – Planegg/München: WRS, Verlag Wirtschaft, Recht und Steuern, 1991
(WRS-Ratgeber)
ISBN 3-8092-0786-3
NE: Reinisch, Mark:; Reinisch, Simone:; HST

ISBN 3-8092-0786-3 Bestell-Nr. 46.14

Fachverlag, 8033 Planegg/München, Fraunhoferstraße 5, Postfach 13 63,
Tel. (089) 8 95 17-0

Herstellung:
Satz: MultiByte Satzwerkstatt, Ottobrunner Str. 6, 8000 München 83
Druck: J. P. Himmer GmbH, Völkstraße 1, 8900 Augsburg

Inhaltsverzeichnis

Wegweiser zur schnellen Orientierung

1 Einführung

„Ein unnütz Leben ist ein früher Tod.“
(Goethe, Iphigenie)

Dieses Buch ist nicht nur für solche Leser geschrieben, die bereits Senioren sind, sondern auch für solche, die es werden; denn es ist wichtig, sich rechtzeitig mit den Fragen des Alters zu beschäftigen und die Weichen für eine glückliche Fahrt in den dritten Lebensabschnitt zu stellen.

Die Fragen, die in diesem Lebensabschnitt auftauchen, versucht das Buch zu beantworten. Beispielhaft seien aus dem Lexikonteil einige Stichworte zitiert:

Altenwohnheim
Altersfreibetrag
Auslands-Krankenversicherung
Beratungshilfe
Berliner Testament
Dickerwerden der Beine
Ehegattenerbrecht
Erbunwürdigkeit
Ernährung
Geliebten-Testament
Grabpflege
Haustürgeschäfte
Herzinfarkt
Krankenbehandlung
Lebensversicherung
Mieterschutz
Neue Bundesländer
Nichteheliche Lebensgemeinschaft
Pflegeheim-Checkliste
Private Altersversorgung
Rechtsschutzversicherung
Rheuma

Schenkung (Widerruf)
Senior-Experten
Sozialhilfe
Sterbehilfe
Testamentsanfechtung
Tierversicherungen
Unverlangte Sendungen
Vermächtnis
Wiederverheiratungsklausel
Wohnsitz im Ausland

Stets ist versucht worden, das Hauptgewicht auf die Interessenlage der Senioren zu legen. Im Versicherungs- und Finanzierungsbereich beispielsweise haben Verlag und Verfasser rund 500 Institute angeschrieben, um spezielle Seniorenangebote zu ermitteln. Die Ergebnisse dieser Umfrage sind in verschiedenen Übersichten wiedergegeben. Leider haben nur relativ wenige der angeschriebenen Institute geantwortet. Außerdem hat sich ergeben, daß nur sehr wenige Institute überhaupt besondere Senioren-Konditionen anbieten. Die umfassende Anfrage mag ein Anstoß dazu sein, daß die Senioren als interessante Kundengruppe künftig mehr beachtet werden.

Die Hinweise auf einzelne Institute (Versicherungsgesellschaften, Banken, etc.) erfolgen nicht auf Grund vollständiger Marktanalyse, sondern nur beispielhaft nach der persönlichen uneigennützigen Überzeugung und Erfahrung der Autoren. Außerdem bringt der Markt gerade in diesem Bereich ständig neue Angebote und damit schnelle Veränderungen. Was heute (Mai 1991) gut ist, kann schon morgen uninteressant sein. Schließlich ist die Eignung eines Instituts auch stets an den besonderen Bedürfnissen des Kunden zu messen. Was für den einen besonders günstig ist, kann für den anderen nachteilig sein. Die angegebenen Adressen ersetzen also keinesfalls die stets notwendige eigene Prüfung und die oft ebenso wichtige Fachberatung.

Bitte schreiben Sie uns über den Verlag an, falls Ihnen etwas besonders mißfällt oder gefällt. Wir freuen uns über jede Anregung.

Die Verfasser

2 Lexikonteil

Im folgenden werden alle Fragen, die in dem Lebensabschnitt der Senioren oder in Vorbereitung darauf auftreten können, unter dem entsprechenden Stichwort – in alphabetischer Reihenfolge – abgehandelt. Auf weitere wichtige Stichwörter wird im Lexikonteil durch → verwiesen.

Alten(wohn/pflege)heim

→ *Heimgesetz*, → *Pflegeheim*, → *Sozialhilfe*, → *s. Abschnitt 3.1*

Altenhilfe

→ *Heimgesetz*, → *Sozialhilfe*

Altersentlastungsbetrag

Ein Altersentlastungsbetrag wird einem Steuerpflichtigen gewährt, der vor dem Beginn des Kalenderjahres, in dem er sein Einkommen bezogen hat, das 64. Lebensjahr vollendet hatte. Bei Zusammenveranlagung von Ehegatten erhält jeder Ehegatte den Altersentlastungsbetrag gesondert. Er beträgt 40 v. H. des Arbeitslohnes und der Summe der übrigen Einkünfte, falls diese positiv ist, höchstens jedoch 3.720 DM im Kalenderjahr.

Altersfreibetrag

Er wurde bis zum Veranlagungszeitraum 1989 einem Steuerpflichtigen gewährt, der vor dem Beginn des Kalenderjahres das 64. Lebensjahr vollendet hatte, und zwar in Höhe von 720 DM; jetzt → *Haushaltsfreibetrag* und → *Altersentlastungsbetrag*.

Altersteilzeitgesetz

Das Altersteilzeitgesetz hat 1989 das Vorruhestandsgesetz abgelöst. Vom Arbeitgeber aufgrund tariflicher, betrieblicher oder Einzelvereinbarung gezahlte Lohnzuschläge von 20 % und die Höherversicherungsbeiträge bzw. Ersatzleistungen müssen nicht versteuert werden. Die Steuerfreiheit ist unabhängig von der Wiederbesetzung des Arbeitsplatzes.

Anämie

Unter Anämie versteht man eine Blutarmut. Das Blut besitzt in diesem Fall zu wenig rote Blutkörperchen und kann so den Sauerstoff schlecht transportieren.
Am häufigsten gibt es die Eisenmangelanämie, die infolge eines chronischen (andauernden) Blutverlustes entsteht, der meist unbemerkt bleibt. Blutverluste enstehen oft durch Blutungen aus dem Magen-Darm-Trakt (Geschwüre, Hämorrhoiden usw.) oder auch durch genitale Blutungen bei der Frau. Gerade bei einer Blutarmut in Verbindung mit Gewichtsabnahme sollte man an etwas Bösartiges denken (→ *Gewichtsabnahme*).
Ebenso führen lange andauernde Infekte oder Entzündungen zur Anämie.

Symptome:
- Hautveränderung: blaß, trocken, rissig
- Nagelveränderung: brüchig, Rillenbildung
- Mundwinkelrhagaden: Einrisse im Mundwinkel
- Schwäche, Müdigkeit, Appetitlosigkeit

Der Arzt wird eine Blutuntersuchung vornehmen, um genauere Informationen über die Anämie zu erhalten. Bei einer Blutungsanämie muß der Ort der Blutung gesucht werden.
Liegt ein Eisenmangel vor, ohne Blutungsursache, durch einseitige Ernährung, kann mit Tabletten Eisen zugeführt werden.

Tip

Diese Eisenpräparate sollten nicht nüchtern eingenommen werden, da sie sonst zu Störungen der Magenschleimhaut führen können!

Normwerte:

Hämoglobin = roter Blutfarbstoff
Männer: 13,5 – 17 g/dl
Frauen: 12 – 16 g/dl
Eisen: 55 – 170 mg/dl

Angina pectoris

Bei Angina pectoris-Anfällen treten plötzlich Schmerzen im Bereich der Herzgegend auf, die eventuell in die Schulter und den linken Arm ausstrahlen können. Sie sind bedingt durch kurzzeitige mangelnde Blut- (und Sauerstoff-)versorgung des Herzens, meist im Rahmen einer koronaren Herzkrankheit (arteriosklerotische Veränderungen der Herzkranzgefäße; → *Arteriosklerose*!).
Die Schmerzanfälle können durch körperliche oder seelische Belastungen ausgelöst werden und dauern einige Minuten an.

Tip

Die Erstangina (also jede zum ersten Mal auftretende Schmerzattacke) ist behandlungsbedürftig. Es ist wichtig, dann sofort einen Arzt aufzusuchen, um auch ein EKG (Elektrokardiogramm) anfertigen zu lassen. So erhält man Informationen darüber, ob der Zustand der Angina pectoris stabil ist oder ob ein Übergang in ein Vorstadium eines Herzinfarkts zu befürchten ist (Präinfarkt!).

Therapie:

Hauptziel der Therapie ist die Prophylaxe eines solchen Anfalles (richtige → *Ernährung*, Rauchen einstellen, Bewegungsmangel bekämpfen). Auch eine Behandlung des Bluthochdrucks (→ *Hypertonie*) und eine gute Einstellung des Blutzuckers gehören dazu.

Tip

Beim Anfall selbst helfen Nitroglyzerine, die mittels eines Sprays schnell eingesetzt werden können. Sie erweitern die Arterien und Venen des Herzens und versorgen es so wieder besser mit Blut.

Als Intervalltherapie nach einem Angina pectoris-Anfall können Medikamente gegeben werden, die die Frequenz und den Sauerstoffverbrauch des Herzens herabsetzen (ß-Blocker), und andere, die zusätzlich den Rhythmus des Herzens stabilisieren (Calcium-Antagonisten).

Wichtig:
Es gibt eine Menge Möglichkeiten und Ursachen für Schmerzen im Brust- und Herzbereich. Hier sollen nur einige aufgeführt werden:

- Hals- und Brustwirbelsäulenveränderungen
- Sodbrennen
- Lungenembolie (Verschluß eines Lungenteils, → *Thrombose*)
- Rippenfellentzündung
- Magenbeschwerden

Anrechnungspflicht

Alle Abkömmlinge, die als gesetzliche Erben zur Erbfolge gelangen (→ *gesetzliche Erbfolge)*, sind verpflichtet, das, was sie vom Erblasser zu dessen Lebzeiten als Ausstattung erhalten haben, bei der → *Erbauseinandersetzung* untereinander zur Ausgleichung zu bringen.
Ausstattungen sind Zuwendungen des Erblassers zur Verheiratung oder Begründung einer Lebensstellung. Hierzu gehört auch die Aussteuer, ebenso Zuschüsse, die mit der Zweckbestimmung gewährt wurden, daß sie als Einkünfte verwendet werden sollen. Auch Aufwendungen für die Vorbildung zu einem Beruf, soweit sie das den Vermögensverhältnissen des Erblassers entsprechende Maß überstiegen haben (z. B. Studien-, Promotions- und Fachschulkosten, nicht aber die Kosten für die allgemeine Schulbildung) fallen darunter.
Diese Anrechnungspflicht in der Form der Ausgleichspflicht besteht nur unter Abkömmlingen. Der Erblasser kann aber bei der Zuwendung Abweichendes anordnen. Andere Zuwendungen (als Ausstattungen) sind von den Abkömmlingen nur in Ausgleichung zu bringen, wenn der Erblasser bei der Zuwendung die Ausgleichung angeordnet hat.

Eine weitere Anrechnungspflicht besteht für den Pflichtteilsberechtigten. Er muß sich auf seinen → *Pflichtteil* anrechnen lassen, was ihm vom Erblasser durch Rechtsgeschäft unter Lebenden mit der Bestimmung zugewendet worden ist, daß es auf den Pflichtteil angerechnet werden soll.

Tip

Ganz grundsätzlich sollte man bei irgendwelchen Zuwendungen an Abkömmlinge zu Lebzeiten stets bestimmen, ob diese ausgleichspflichtig sind. Spätestens bei einer Testamentserrichtung müßten etwaige Zweifel beseitigt werden.

Arterielle Verschlußkrankheit

Akut:
Die akute arterielle Verschlußkrankheit ist ein plötzlich einsetzender Schmerz in einem Bein (oder auch Arm), der mit Blässe, kühler Haut, Gefühllosigkeit, Bewegungsverlust und mit dem Fehlen der Fußpulse auftritt. Sie entsteht durch den akuten Verschluß einer Arterie (sauerstoffführendes Gefäß) infolge einer Embolie (Embolus: verschlepptes Material, meist geronnenes Blut).
Das Schicksal der betreffenden Gefäße hängt von dem Vorhandensein anderer Arterien ab, die den Abschnitt mit Blut versorgen können, und von der Schnelligkeit der einsetzenden Therapie. Wird ein kompletter Verschluß nicht schnellstens behandelt, kommt es zur Nekrose des Beines (= Absterben).

Tip

Bis zum Eintreffen des Arztes sollte das Bein tief gelegt werden und vor Druck sowie Kälte und Hitze geschützt werden! Möglichst schneller Transport in das Krankenhaus.

Chronisch:
Ähnlich dem oben beschriebenen akuten Ereignis kann ein Arterienverschluß langsam fortschreitend entstehen. Hauptursache ist die → *Arteriosklerose*, die zur Veränderung der Gefäßwand führt und die Öffnung langsam verschließt!
Besonders betroffen sind die Bein- und auch die Beckenarterien. Symptom: Ein typisches Symptom ist der sog. Schaufenstergang (Claudicatio intermittens), bei dem der Patient nach einigen Metern (ca. 200 m) stehenbleiben muß, weil er Schmerzen in den Waden oder im Bein verspürt. Nach einer kleinen Ruhepause kann er wieder weitergehen. Im fortge-

schrittenen Stadium bestehen die Schmerzen auch in Ruhe (z. B. nachts). Außerdem können Hautnekrosen (Hautwunden) auftreten, da das mangeldurchblutete Gebiet abstirbt!
Eine solche Veränderung der Arterien ist prinzipiell an jeder Arterie möglich.

Therapie:
Wichtig ist die Beseitigung der Risikofaktoren (→ *Arteriosklerose*) sowie ein Gehtraining, um den Aufbau von Umgehungsgefäßen zu ermöglichen.
- Im späteren Stadium kommen häufig nur operative Maßnahmen in Frage, um das verschlossene Gefäß zu öffnen.
- Bei ausgedehnten Nekrosen ist die Amputation notwendig.

Arteriosklerose

Unter Arteriosklerose versteht man die Wandveränderung der Arterien, durch verschiedene endogene Faktoren (innere, z. B. Alterung) und exogene (äußere) Risikofaktoren; Einflüsse, die schließlich zum vollständigen Verschluß der Arterien führen können.

Risikofaktoren:
- Rauchen
- → *Bluthochdruck*
- hoher → *Cholesterinspiegel*
- Zuckerkrankheit (→ *Diabetes mellitus*)
- Übergewicht
- Bewegungsmangel
- Streß

Die Arteriosklerose ist eine der häufigsten Krankheiten. Sie hat mit ihren Veränderungen Auswirkung auf innere Organe, das zentrale Nervensystem (z. B. Hirninfarkt), die Extremitäten (→ *arterielle Verschlußkrankheit*) und besonders auf das Herz (koronare Verschlußkrankheit → *Herzinfarkt*!). Eine Verminderung oder gar Ausschaltung einer oder mehrerer Risikofaktoren vermindert die Erkrankungswahrscheinlichkeit für mehrere Krankheiten gleichzeitig. Es lohnt sich also!
Bestehen nur zwei der oben aufgeführten Faktoren, steigt das Herzinfarktrisiko um das vierfache; sind sogar drei Risikofaktoren vorhanden, ist das Herzinfarktrisiko um das zehnfache erhöht!

Arthrose

Die Arthrose ist eine Verschleißerscheinung infolge langer Fehlbelastung (eventuell durch X- oder O-Beine), Fehlanlage (kindliche Fehlbildung) oder Überbelastung durch Übergewicht. Prinzipiell können alle Gelenke betroffen sein. Häufig findet sich die Arthrose an Gelenken der statischen Belastbarkeit (Knie, Wirbelsäule, Hüfte etc.).
Der Krankheitsverlauf ist langsam fortschreitend. Typisch ist der Anlaufschmerz am Morgen oder der Belastungsschmerz am Abend. Die Beweglichkeit ist vor allem beim Hüftgelenk am stärksten eingeschränkt.

Spezifische Symptome bei Kniearthrose:
- Schmerzen beim Bergabgehen
- Schmerzen in Ruhe
- Verschmälerung des Oberschenkels

bei Hüftkopfarthrose:
- Knieschmerzen
- Innen- und Außendrehung eingeschränkt
- Abspreizung eingeschränkt
  später: Hohlkreuz, Beckenschiefstand

Infolge langer Krankheitsdauer kann es zu Fehlstellungen der Gelenke, zu Entzündungen sowie zu einer kompletten Gelenkversteifung kommen.

Therapie:
- Entlastung des Gelenkes durch Gewichtsreduktion und Gehstock
- physikalische Therapie: Wärme! (Fango, Heißluft, Moor etc.), Massagen
- Medikamente bringen vorübergehende Schmerzlinderung
- Operation mit Gelenkersatz

Auflage

Wem der Erblasser im → *Testament* etwas zuwendet, den kann er auch mit einer Auflage belasten. Er kann das Testament z. B. mit folgendem Zusatz versehen:

1. Meine Erben verpflichte ich, das Doppelgrab in Freiburg als letzte Ruhestätte von mir und meiner Frau für die Dauer von 20 Jahren im ortsüblichen Umfang zu pflegen. Sie können diese Grabpflege einem Fachbetrieb übertragen.
Die Kosten der Beerdigung, Grabhaltung und Grabpflege gehen zu Lasten des Nachlasses.
2. Meiner Nichte Eva Meier, die ich mit einem großzügigen Geldvermächtnis bedacht habe, lege ich die Verpflichtung auf, meinen lieben Dackel Fidelius bis an sein Lebensende in ihrem Haus zu halten und zu pflegen.

Die Auflage ist für die Verpflichteten bindend. Ob sie auch tatsächlich erfüllt wird, sollte durch einen → *Testamentsvollstrecker* überwacht werden.

Ausgleichspflicht

→ *Anrechnungspflicht*

Auskunftspflicht

Wer sich zur Zeit der Erbschaft mit dem Erblasser in häuslicher Gemeinschaft befunden hat, ist verpflichtet, den → *Erben* auf Verlangen Auskunft zu erteilen, welche „erbschaftlichen" (d. h. die Erbschaft betreffenden) Geschäfte er geführt hat und was ihm über den Verbleib der Erbschaftsgegenstände bekannt ist. Über die Vollständigkeit seiner Angaben kann er zur Versicherung an Eides Statt herangezogen werden.

Eine Auskunftspflicht trifft auch denjenigen, der auf Grund eines ihm in Wirklichkeit nicht zustehenden Erbrechts etwas aus der Erbschaft erlangt hat, sog. Erbschaftsbesitzer. Der Erbe kann von diesem die Herausgabe des Erlangten fordern.

Zwischen → *Miterben* bestehen Auskunftspflichten über die Zuwendungen, die sie vom Erblasser erhalten haben. Sie müssen diese eventuell zur Ausgleichung bringen, d. h. die Zuwendungen werden auf den Erbteil angerechnet (→ *Anrechnungspflicht*). Das Auseinandersetzungsguthaben der anderen Miterben wird dann größer, ohne daß sich die rechnerische Erbquote an sich ändert.

Der Erbe hat dem → *Pflichtteil*sberechtigten, wenn dieser nicht Erbe geworden ist, über den Bestand des Nachlasses Auskunft zu erteilen. Damit wird der Pflichtteilsberechtigte in die Lage versetzt, die Höhe seines Anspruchs zu berechnen.

Auslandskonten

Gerade bei dem Thema „Auslandskonten" denken die meisten Bundesbürger nur an zwei Länder, nämlich an die Schweiz und – seit es das Thema „Quellensteuer" gab – auch an das Land Luxemburg. Es wird immer wieder davon gesprochen, daß dort das Bankgeheimnis viel sicherer sei als in der Bundesrepublik.

Vergleicht man jedoch diese beiden Länder mit der Bundesrepublik, stellt man fest, daß auch in der Schweiz bzw. in Luxemburg der Kontoinhaber seinen Personalausweis vorlegen muß. Also ein richtiges anonymes Konto, das auf einen sog. Phantasienamen läuft und über das man nur mit einem Codewort verfügen kann, gibt es in diesen Ländern auch nicht.

Eigentlich kommt aus diesen Gründen hierfür nur ein Land in Frage, nämlich Österreich. Viele Bundesbürger wissen nicht, daß Österreich das einzige Land in Europa ist, wo ein absolut anonymes Konto angelegt werden kann. Hierzu genügt der Nachweis, daß es sich beim Kontoinhaber um einen sog. Devisen-Ausländer handelt.
Es muß bei Eröffnung des Kontos nur der Personalausweis mit dem entsprechenden Paßbild vorgezeigt werden. Dabei kann die rechte Seite, wo sich der Name befindet, zugehalten werden. Dies hat zur Folge, daß also noch nicht einmal die Bank darüber informiert ist, wer überhaupt Inhaber des Kontos ist. Das Konto kann auf eine Nummer oder auf irgend einen Phantasienamen lauten. Auf dem Kontoeröffnungsantrag kann man x-beliebig sein „Zeichen" setzen. Zusätzlich vereinbaren die österreichischen Banken noch ein besonderes Codewort. Dadurch wird, zumindest bis jetzt, eine absolute Anonymität hergestellt.

Die Gebühren der österreichischen Banken liegen meist noch unter denen der Schweizer bzw. Luxemburger Banken. In Österreich können Konten sowohl in Schilling wie auch in D-Mark oder sonstigen Währungen errichtet werden. Zwei Großbanken sind z. B. u. a. gerade auf diesem Sektor interessante Ansprechpartner: die „Österreichische Landesbank" und die „Österreichische Creditanstalt".

Auslands-Krankenversicherung

Zu den Neuerungen, die sich durch das Gesundheitsreformgesetz vom 1.1.1989 ergeben haben, gehört auch, daß die gesetzlichen Krankenversicherungen nicht mehr die Kosten erstatten, die der Versicherte bei einem Urlaub im Ausland gehabt hat.

Ausnahmen machen jedoch die EG-Staaten, die festgelegt haben, daß sie ihre Sozialversicherungsleistungen gegenseitig anerkennen. Durch diese Anerkennung ist eine Behandlung auf Krankenschein nach den ausländischen Bedingungen möglich. Dies gilt auch für Nicht-EG-Länder, mit denen spezielle Sozialversicherungsabkommen abgeschlossen wurden, wie z. B. Österreich, Jugoslawien, Türkei, Tunesien, Rumänien, Schweden, Finnland und die Schweiz. Trotz dieser Sozialversicherungsabkommen entstehen jedoch immer wieder Probleme, gerade in Österreich, da die Ärzte dort nur privat abrechnen wollen.

Aus diesen Gründen empfiehlt sich eine Auslands-Krankenversicherung, die recht günstig zu haben ist; z. B. die Süddeutsche Krankenversicherung, Werastr. 21-23, 7000 Stuttgart 1, Tel.-Nr. 0711-21 47-0, bietet u. a. diesen Krankenversicherungsschutz für 8 DM pro Jahr an, soweit die Reisen nicht über 45 Tage dauern.

Besondere Probleme bei der Auslands-Reisekrankenversicherung ergeben sich aus sog. Vorerkrankungen, bei denen Krankenversicherer bisher nicht geleistet haben; u. a. hat z. B. die Union Krankenversicherung, Postfach 202, 6600 Saarbrücken 3, Tel.-Nr. 0681-6 87 20, den Leistungsausschluß für Vorerkrankungen weitgehend gestrichen. Dieser Leistungsausschluß gilt nur noch für Behandlungen, die bei Reiseantritt bereits abzusehen waren. Außerdem gilt bei der Union Krankenversicherung kein Höchstaufnahmealter mehr.
Diese besonderen Probleme sollten mit jedem Versicherer vor der Reise abgeklärt werden.

Ausschlagung der Erbschaft

→ *Erbenhaftung*

Außergewöhnliche Belastungen

Normalerweise sind außergewöhnliche Belastungen einkommensteuerlich nicht in voller Höhe abzugfähig, sondern nur insoweit sie die sog. zumutbare Belastung übersteigen.

Die **zumutbare Belastung** beträgt bei:

Familienstand	**Gesamtbetrag der Einkünfte**		
	bis 30.000 DM	bis 100.000 DM	über 100.000 DM
Ledige oder Geschiedene ohne Kind	5 %	6 %	7 %
Verheiratete ohne Kind	4 %	5 %	6 %
Ledige, Verheiratete oder Geschiedene mit Kinderfreibeträgen für ein oder zwei Kinder	2 %	3 %	4 %
Ledige, Verheiratete oder Geschiedene mit Kinderfreibeträgen für drei oder mehr Kinder	1 %	1 %	2 %

des Gesamtbetrags der Einkünfte.

Bei einem Verheirateten mit drei Kindern, der Einkünfte in Höhe von 50.000 DM hat, sind also außergewöhnliche Belastungen in normalen Fällen nur abzugsfähig, soweit diese insgesamt im Kalenderjahr den Betrag von 1.500 DM überschreiten.

Als **außergewöhnliche Belastungen in normalen Fällen** kommen in Betracht insbesondere

- Krankheitskosten (soweit diese nicht durch eine Krankenkasse erstattet werden),
- Aufwendungen für Besuchsfahrten zu einem schwerkranken Kind oder zu einem unheilbar erkrankten Ehepartner bei ärztlicher Bescheinigung über die Notwendigkeit dieser Besuche,
- Kurkosten bei amtsärztlichem Zeugnis über die Notwendigkeit der Kur,
- Ehescheidungskosten sowohl für den Rechtsanwalt als auch für das Gericht,
- Beerdigungskosten nur insoweit, als sie den Wert des Nachlasses übersteigen,
- Pflegebedürftigkeitskosten des Steuerpflichtigen selbst.
  Zu diesen zählen sowohl Kosten für die Beschäftigung einer ambulanten Pflegekraft als auch Aufwendungen zur Unterbringung in der Pflegestation eines → Alten*heims*, in einem Altenpflegeheim oder → *Pflegeheim*. Bei einer Heimunterbringung wegen Pflegebedürftigkeit können die dadurch erwachsenden Kosten zur Unterbringung in einem Krankenhaus – bei Anrechnung der Haushaltsersparnis, wenn der Steuerpflichtige seinen normalen Haushalt auflöst – berücksichtigt werden.
  Pflegebedingte Aufwendungen können jedoch nur berücksichtigt werden, wenn der erhöhte → Beh*indertenpauschbetrag* von 7.200 DM nicht in Anspruch genommen wird.
  Ein Abzug zwangsläufiger Aufwendungen wegen Pflegebedürftigkeit kommt auch in Betracht, wenn dem Steuerpflichtigen wegen der Pflegebedürftigkeit einer anderen Person Aufwendungen zur Pflege erwachsen, der er aus rechtlichen, tatsächlichen oder sittlichen Gründen zum Unterhalt verpflichtet ist. Dies ist z. B. gegenüber seinen Eltern oder Kindern der Fall, wenn er nicht den → *Pflegepauschbetrag* in Anspruch nimmt. In diesen Fällen sind die wegen der Pflege erwachsenden Aufwendungen nicht als außergewöhnliche Belastungen in besonderen Fällen, sondern als außergewöhnliche Belastungen in normalen Fällen zu berücksichtigen.
  Hat der pflegebedürftige Dritte im Hinblick auf sein Alter oder seine etwaige Pflegebedürftigkeit dem Steuerpflichtigen Vermögenswerte zugewendet, z. B. ein Hausgrundstück, so kommt ein Abzug für Pflegeaufwendungen nur in Betracht, soweit die Aufwendungen den Wert des hingegebenen Vermögens übersteigen und wenn diese Aufwendungen weder → *Werbungskosten* oder → *Betriebsausgaben* noch → *Sonderausgaben* sind.

- Wiederbeschaffungsaufwendungen von Hausrat oder Kleidung, die verloren wurden durch ein unabwendbares Ereignis wie Brand, Diebstahl, Hochwasser, Unwetter, Kriegseinwirkung etc.;
- Umzugskosten sind ausnahmsweise abzugsfähig, wenn der Umzug z. B. aus besonderen persönlichen, gesundheitlichen Gründen erforderlich ist (Bescheinigung des Arztes zweckmäßig); → Werbungskosten.

Außergewöhnliche Belastungen in besonderen Fällen sind in vollem Umfang abzugsfähig, ohne daß sie um eine zumutbare Belastung gekürzt werden müßten. Hierzu zählen:

- **Unterstützungszahlungen** an bedürftige Personen, für die **kein** Anspruch auf einen Kinderfreibetrag besteht. Abzugsfähig sind im Kalenderjahr bis zu 3.024 DM für eine Person, die das 18. Lebensjahr noch nicht vollendet hat oder für die der Steuerpflichtige die Voraussetzungen für einen Ausbildungsfreibetrag erfüllt; bis zu 5.400 DM für alle anderen Personen.
  Diese Beträge werden gekürzt, wenn der Unterstützte Einkünfte und Bezüge von mehr als 4.500 DM jährlich hat, und zwar um den Betrag, der die 4.500 DM übersteigt. Außerdem darf die unterstützte Person kein oder nur ein geringes Vermögen haben. Als geringfügig wird in der Regel ein Vermögen bis zu einem Verkehrswert von 30.000 DM angesehen. Dabei bleiben Vermögensgegenstände außer Betracht, deren Veräußerung offensichtlich eine Verschleuderung bedeuten würde, sowie Vermögensgegenstände, die einen besonderen persönlichen Wert für den Unterstützten besitzen, sowie schließlich ein kleines Hausgrundstück, insbesondere ein Familienheim, das der Unterstützte allein oder zusammen mit Angehörigen bewohnt und dessen Veräußerung nicht zumutbar ist.
- **Ausbildungsaufwendungen** für die Berufsausbildung eines Kindes, für das ein Anspruch auf Kinderfreibetrag besteht, und zwar 1.800 DM für ein Kind, das das 18. Lebensjahr noch nicht vollendet hat und nicht bei seinen Eltern wohnt, 2.400 DM für ein Kind, das das 18. Lebensjahr vollendet hat, schließlich 4.200 DM für ein Kind, das das 18. Lebensjahr vollendet hat und nicht bei seinen Eltern wohnt. Die Ausbildungsfreibeträge mindern sich jeweils um die eigenen Einkünfte und Bezüge des Kindes, soweit diese 3.600 DM im Kalenderjahr übersteigen.
- **Haushaltshilfe-Aufwendungen**, und zwar in Höhe von 1.200 DM im Kalenderjahr, wenn der Steuerpflichtige oder sein nicht dauernd getrennt lebender Ehegatte das 60. Lebensjahr vollendet hat oder wegen Krankheit des Steuerpflichtigen oder seines nicht dauernd getrennt

lebenden Ehegatten oder einer zu seinem Haushalt gehörenden unterhaltsbedürftigen Person die Beschäftigung einer Hilfe im Haushalt erforderlich ist; abzugsfähig sind sie in Höhe von 1.800 DM im Kalenderjahr, wenn eine der vorgenannten Personen hilflos oder schwerbehindert ist.
Erwachsen einem Steuerpflichtigen wegen der Unterbringung in einem Heim oder zur dauernden Pflege Haushaltshilfe-Aufwendungen, so können diese bis zu 1.200 DM abgezogen werden, wenn der Steuerpflichtige oder sein nicht dauernd getrennt lebender Ehegatte in einem Heim untergebracht ist, ohne pflegebedürftig zu sein, und in Höhe von 1.800 DM, wenn die Unterbringung zur dauernden Pflege erfolgt (ergänzend → *Sonderausgaben*).

Banken

→ *Beschwerden*

Baukindergeld

→ *Wohneigentum*

Bausparen

Gerade das Bausparen ist in der letzten Zeit in den einzelnen Fachzeitschriften sehr in die Kritik geraten. Es wurde immer wieder die Frage gestellt, ob sich Bausparen überhaupt noch lohnt.

Bausparen lohnt sich vor allem dann, wenn der einzelne Bausparer auch wohnungsbausparprämienberechtigt ist. Das ist dann der Fall, wenn das zu versteuernde Einkommen als Alleinstehender unter 27.000 DM liegt bzw. bei Verheirateten unter 54.000 DM. Gerade mit Eintritt in die Rente fällt in der Regel das zu versteuernde Einkommen stark ab, so daß man davon ausgehen kann, daß die einzelnen Senioren dann wieder wohnungsbausparprämienberechtigt sind, die vorher über der Einkommensgrenze lagen.

Bausparen hat den Vorteil, daß man später günstige Finanzierungskonditionen bekommt, jedoch den Nachteil, daß man in der Ansparphase einen relativ geringen Guthabenzins erhält. Aus diesem Grunde ist Bausparen vor allem dann sinnvoll, wenn man zu einem Zeitraum anspart, in dem das Zinsniveau nicht sehr hoch ist, wie in den Jahren 1985 bis 1987. In der jetzigen Zeit, bei einem Zinsniveau von ca. 8 bis 9 %, ist Bausparen weniger sinnvoll.

Häufig kommt es vor, daß ältere Menschen einen Bausparvertrag abschließen, um für die nächste Generation einen Grundstock zu legen. Solche Bausparverträge können innerhalb des Verwandtenkreises ohne Prämienschädlichkeit übertragen werden.
Das Bauspardarlehen kann für eine Renovierung oder für den Kauf einer Eigentumswohnung verwendet werden.

Tip

Seit dem 1.1.1991 hat es eine wichtige Veränderung im Bausparkassen-Gesetz gegeben, die es nun ermöglicht, sich mit einem Bauspardarlehen in ein Altenwohnheim oder in einem Wohnstift einzukaufen. Dies ist gerade für Senioren ein wichtiger Gesichtspunkt, denn der Seniorenplatz spielt in der Zukunft eine immer größere Rolle.

Für die Jungsenioren, die noch einen Bausparvertrag abschließen möchten, ist es nicht nur wichtig, wann der Bausparvertrag von der Bausparkasse zugeteilt wird, sondern inwieweit auch eine Flexibilität gegeben ist, wenn das Darlehen nicht in Anspruch genommen wird.

Ende 1990 hat z. B. die Leonberger Bausparkasse, Lindenstr. 21, 7250 Leonberg, Tel. 0 71 52/17-0, einen neuen Tarif – LW genannt – herausgebracht. Bei diesem Tarif hat der Bausparer das Recht, wenn er nach Zuteilung auf das Bauspardarlehen verzichtet, die Abschlußgebühr wiederzubekommen. Dies bieten zwar auch einige andere Bausparkassen an, jedoch bekommt man von der Leonberger Bausparkasse daneben noch eine hohe Guthabenverzinsung von 4,75 %. Zwar ist die Leonberger Bausparkasse nicht besonders schnell mit der Zuteilung, jedoch von der Flexibilität ist dieser Tarif im Moment sehr empfehlenswert.

Geht es dem Bausparer um die Schnelligkeit der Zuteilung, dann ist z. B. u. a. die Debeka Bausparkasse, Postfach 17 49, 5400 Koblenz, Tel.-Nr. 0261-13 01 0, und die mh-Bausparkasse, Wotanstr. 88, 8000 München 19, Tel. 089/1 79 62 30, empfehlenswert.

Beerdigungskosten

→ *Erbenhaftung*, → *außergewöhnliche Belastungen*

Behinderte

Schwerbehinderte im Sinne des Schwerbehindertengesetzes erhalten verschiedene **steuerliche Vergünstigungen**:

1. Die Einfuhr bestimmter, eigens für Behinderte gestalteter Gegenstände erfolgt zollfrei.
2. Das Einkommensteuergesetz gewährt → *Behindertenpauschbeträge.*
3. → *Erbschaftssteuerbefreiungen.*
4. Die → *Grunderwerbsteuer* von 2 % wird nicht erhoben, wenn ein Körperbehinderter allein oder mit seinem Ehegatten ein Grundstück mit Hilfe einer Kapitalabfindung nach dem Bundesversorgungsgesetz erwirbt, allerdings nur soweit der für die Berechnung der Grunderwerbsteuer maßgebende Wert (Kaufpreis) den 15fachen Betrag der Kapitalabfindung nicht übersteigt.
5. Auch bei der Grundsteuer können sich für Kriegsbeschädigte, die nach dem Bundesversorgungsgesetz wegen der gesundheitlichen Beschädigung erwerbsbeschränkt sind, Vergünstigungen ergeben, ebenso für deren Witwen.
6. Die Kraftfahrzeugsteuerbefreiung wird Schwerbehinderten gewährt, die hilflos, blind oder außergewöhnlich gehbehindert sind. Die Steuerbefreiung wird nachgewiesen durch den Schwerbehindertenausweis mit dem Merkzeichen „H", „Bl" bzw. „a.G."

   Die übrigen Behinderten erhalten eine Steuerermäßigung von 50 v. H. für Kfz, solange diese für Schwerbehinderte zugelassen sind. Erforderlich ist der Ausweis mit dem Merkzeichen „C". Eine zweckentfremdende Verwendung des Fahrzeugs von mehr als einem Monat ist steuerschädlich.
7. → Ver*mögenssteuer*
8. → *Kraftfahrzeugversicherungen*

Behindertenpauschbetrag

Ein Behinderter kann anstelle der → *Außergewöhnlichen Belastungen* in normalen Fällen einen Pauschbetrag je nach dem dauernden Grad der Behinderung in folgender Höhe geltend machen:

von 25 und 30 v. H.	600 Deutsche Mark
von 35 und 40 v. H.	840 Deutsche Mark
von 45 und 50 v. H.	1110 Deutsche Mark
von 55 und 60 v. H.	1410 Deutsche Mark
von 65 und 70 v. H.	1740 Deutsche Mark
von 75 und 80 v. H.	2070 Deutsche Mark
von 85 und 90 v. H.	2400 Deutsche Mark
von 95 und 100 v. H.	2760 Deutsche Mark

Grundsätzlich erhalten Behinderte die Pauschbeträge nur, wenn deren Grad der Behinderung auf mindestens 50 v. H. festgestellt ist. Behinderte, deren Grad der Behinderung auf weniger als 50 v. H., aber mindestens auf 25 v. H. festgestellt ist, erhalten die Pauschbeträge, wenn dem Behinderten wegen seiner Behinderung nach gesetzlichen Vorschriften Renten oder andere laufende Bezüge zustehen oder wenn die Behinderung zu einer äußerlich erkennbaren dauerhaften Einbuße der körperlichen Beweglichkeit geführt hat oder auf einer typischen Berufskrankheit beruht.
Für Behinderte, die infolge ihrer Behinderung so hilflos sind, daß sie für die gewöhnlichen und regelmäßig wiederkehrenden Verrichtungen im Ablauf des täglichen Lebens in erheblichem Umfang dauernd fremder Hilfe bedürfen, und für Blinde erhöht sich der Pauschbetrag auf 7.200 DM. Steht der Behindertenpauschbetrag einem Kind des Steuerpflichtigen zu, für das er einen Kinderfreibetrag erhält, so wird der Pauschbetragsantrag auf den Steuerpflichtigen übertragen, wenn ihn das Kind nicht in Anspruch nimmt (→ *Hinterbliebenenpauschbetrag* und → *Pflegepauschbetrag*).
Der Nachweis der Behinderung und des Grades der Behinderung wird für Körperbehinderte, deren Erwerbsfähigkeit um mindestens 50 v. H. gemindert ist, durch einen Ausweis nach dem Schwerbehindertengesetz geführt, für Körperbehinderte, deren Minderung der Erwerbsfähigkeit weniger als 50 v. H., aber mindestens 25 v. H. beträgt, durch eine Bescheinigung aufgrund eines besonderen Feststellungsbescheids oder durch den Rentenbescheid; ergänzend → *Kraftfahrzeugversicherung*.

Beitragsrabatte für Lebensversicherungen

Gerade viele Selbständige haben für ihre private Altersversorgung viele → *Lebensversicherungen* abgeschlossen. Lebensversicherungsgesellschaften bieten für Selbständige und leitende Angestellte sog. Unternehmerverbände an, bei denen diese einen Rabatt auf Lebensversicherungsbeiträge bekommen. Dazu müssen die Unternehmer oder leitenden Angestellten Mitglied in einem solchen Verband werden. Meist betragen die Aufnahmegebühren und Mitgliedsbeiträge zusammen 40 bis 60 DM pro Jahr. Wenn man bedenkt, daß einige Unternehmerverbände Rabatte bis zu 5,5 % auf die Lebensversicherungsbeiträge gewähren, kann sich ein solcher Beitritt auf alle Fälle lohnen. Bei einem Monatsbeitrag von 500 DM ergäbe sich eine Ersparnis von über 25 DM pro Monat.

Tip

Oft werden jedoch diese Möglichkeiten über einen Unternehmerverband von den Versicherungsgesellschaften bzw. von den Vertretern nicht angeboten, weil dadurch eine Reduzierung der Provision stattfindet. Man sollte auf jeden Fall die Versicherungsgesellschaft danach fragen.

Beratungshilfe

Jeder Bürger, der die erforderlichen Mittel für eine Rechtsberatung und Rechtsvertretung nicht selbst aufbringen kann, erhält nach den Regeln des Beratungshilfegesetzes Beratungshilfe. Diese wird im allgemeinen in Beratungsstellen beim örtlichen Amtsgericht durch Rechtsanwälte erteilt.

Der Rechtsuchende muß zunächst einen Berechtigungsschein beim zuständigen Amtsgericht beantragen. Er kann mit diesem Berechtigungsschein einen Rechtsanwalt seiner Wahl aufsuchen und sich durch diesen beraten und vertreten lassen (Schreiben, telefonische Anrufe, Vorsprache bei Behörden). Die Beratungshilfe in diesem Umfang wird gewährt in Angelegenheiten des Zivilrechts, des Verwaltungs- und Verfassungsrechts, in vielen Bundesländern auch in Arbeitsrechtssachen. In Strafsachen und Ordnungswidrigkeiten wird nur Beratung, keine Vertretung gewährt.

Der Rechtsanwalt erhält vom Rechtsuchenden nur 20 DM, die er nach dessen Verhältnissen auch noch erlassen kann; ergänzend → *Prozeßkostenhilfe*.

Beratungsmöglichkeiten bei Versicherungen

Viele stellen sich die Frage, an wen man sich bei Versicherungsfragen am besten wenden kann.

1. Es gibt die sog. **Direktversicherungen**, die ganz auf Vertreter verzichten, d. h. man kann nur schriftliche Angebote bekommen. Hier ist eine persönliche Beratung nicht möglich, dafür sind die Beiträge oft günstig.
2. Es gibt **Versicherungsvertreter** (Einfirmenvertreter), die nur Versicherungen einer Gesellschaft anbieten. Mehrfachagenten dagegen können auch mehrere Versicherungsgesellschaften vertreten. Jedoch stehen beide auf Seiten der Versicherungsgesellschaften und verdienen ihr Geld über Provisionen. Sie sind also an einem Abschluß einer Versicherung interessiert.
3. Der **Versicherungsmakler** steht zwar auf der Seite des Kunden, d. h. er vertritt die Interessen des Kunden und vermittelt jede gewünschte Versicherung. Er lebt aber auch von Provisionen.
4. **Finanzberater, Vermögensberater usw.**
   Der Begriff Finanzberater und Vermögensberater ist in Deutschland nicht geschützt, und es können auch andere Phantasienamen verwendet werden. Die meisten Finanzberater und Vermögensberater arbeiten provisionsorientiert, d. h. sie leben von Abschlüssen von Versicherungsverträgen, Bausparverträgen und Investmentverträgen. Viele Vermögensberater und Finanzberater arbeiten für Vertriebsorganisationen. Einige davon sind jedoch nicht unabhängig, sondern die Vertriebsorganisation an sich gehört wieder einer Versicherungsgesellschaft.
5. **Honorarberater**
   In Deutschland gibt es jetzt eine neue Gruppe von Beratern, die dem Kunden jede gewünschte Versicherung vermittelt. Diese Honorarberater verlangen vom Kunden ein Festhonorar und können, da sie nicht von Provisionen, sondern vom Honorar leben, kundenorientierter arbeiten als der Versicherungsmakler. Viele Honorarberater verrechnen die Provision, die sie von der Versicherungsgesellschaft oder Bank erhalten, mit dem Festhonorar, so daß dem Kunden letztendlich nur ein geringes Honorar in Rechnung gestellt wird.
6. **Versicherungsberater**
   Der Versicherungsberater ist in Deutschland als Berufsbezeichnung geschützt. Er darf nicht vermitteln, sonden lebt ausschließlich von Beratungshonoraren.

Ganz abgesehen von den verschiedenen Vertriebswegen, zwischen denen der einzelne Kunde wählen kann, hängt die Qualität der Beratung immer von der einzelnen Person ab.

Tip

Wird man von einem Versicherungsmakler oder Honorarberater bzw. einem Versicherungsberater beraten, sollte man sich auf jeden Fall erkundigen, ob diese Berater für Schadensfälle eine Vermögensschadenshaftpflichtversicherung abgeschlossen haben.

Berlin-Darlehen

Gerade für Senioren, die kurz vor der Rente stehen, konnte bzw. kann ein Berlin-Darlehen sehr interessant sein. Das Berlin-Darlehen nach § 16 Berlinförderungsgesetz wurde zum 1.7.1991 abgeschafft.
Das Berlin-Darlehen nach § 17 Berlinförderungsgesetz wird zum 31.12.1991 auslaufen. Hiernach können 20 % der Darlehens-Zeichnungssumme von der Einkommensteuerschuld abgezogen werden bis maximal 50 % der Einkommensteuerschuld. Die Laufzeit beträgt 25 Jahre – so lange müssen also die zufließenden Zinsen versteuert werden. Wer hier zugreifen will, muß sich beeilen.

Berliner Testament

→ Ehegattentestament

Berufsunfähigkeitsversicherung

Neben der privaten → *Haftpflichtversicherung* ist die Berufsunfähigkeitsversicherung die zweitwichtigste Versicherung überhaupt. Leider wird die Berufsunfähigkeit von vielen weit unterschätzt. Die Unfallversicherung deckt nur den Invaliditätsfall aufgrund eines Unfalls ab, jedoch nicht aufgrund einer Krankheit. Jedoch sind die Fälle, daß die Berufsunfähigkeit aufgrund einer Krankheit eintritt, wesentlich höher als die durch Unfall.

Gerade bei der Berufsunfähigkeitsversicherung sind die einzelnen Bedingungen der Versicherungsgesellschaften schwer vergleichbar. Viele Versicherungsgesellschaften haben in ihren Bedingungen stehen, daß der Arzt bezüglich des Berufsunfähigkeitsfalles bescheinigen muß, daß der Versicherungsnehmer voraussichtlich **dauernd** außerstande ist, seinen Beruf auszuüben. Einige Versicherungsgesellschaften haben diesen Passus für den Versicherungsnehmer dahingehend erleichtert: der Arzt muß nur bescheinigen, daß der Versicherungsnehmer voraussichtlich sechs Monate außerstande ist, seinen Beruf auszuüben. Diese Bedingungen sind empfehlenswert, obwohl die Beiträge höher liegen.

Hier einige Versicherungsgesellschaften, die z. Z. z. B. solche Bedingungen anbieten:

- Alte Leipziger Lebensversicherungsgesellschaft, Postfach 16 60, 6370 Oberursel 1, Tel.-Nr. 0 61 71-66 00
- Nürnberger Lebensversicherung, Postfach 21 01 80, 8500 Nürnberg 21, Tel.-Nr. 09 11-53 10
- Schweizerische Lebensversicherungs- und Rentenanstalt, Postfach 401 709, 8000 München 40, Tel.-Nr. 0 89/38 10 90.

Beschwerden

Sollte irgendwann ein Problem zwischen einem Kunden und einem Kreditinstitut bzw. eine Versicherungsgesellschaft entstehen, ist es zunächst am besten, eine Beschwerde an das entsprechende Aufsichtsamt zu richten. Erst, wenn hier eine Ablehnung erfolgt, sollte ein Rechtsanwalt eingeschaltet werden.

- Bundesaufsichtsamt für das Kreditwesen, Reichpietschufer 74-76, 1000 Berlin 30, Tel. 030/25004-0
- Bundesaufsichtsamt für das Versicherungswesen, Ludwigkirchplatz 3-4, 1000 Berlin 15, Tel. 030/8893-0

Bestattung

Jeder hat das Recht, die Art seiner Bestattung zu bestimmen. Dies muß, um wirksam zu sein, wie beim → *Testament* privatschriftlich geschehen.

Bestattungsverfügung

Ich, Ralf Lehmann, bestimme hiermit, daß für mich nach meinem Tode eine Feuerbestattung durchgeführt wird.

Freiburg, den 1.3.1991

Ralf Lehmann

Zusätzlich können natürlich noch Bestimmungen aufgenommen werden über das Beisetzen an einem bestimmten Urnenplatz, über die Gestaltung, Aufbahrung und Trauerfeier bis hin zu den Rednern, Gebeten und musikalischen Darbietungen.
Wichtig ist vor allem, daß diese Verfügung unmittelbar nach dem Tode von einem geeigneten Vertrauensmann den → *Erben* zur Kenntnis gebracht wird. Den Erben sollte die Art und der Umfang der gewünschten Bestattung auch in Form einer → *Auflage* im Testament festgelegt werden. Damit werden die Gesamtkosten zweifelsfrei zu → *Nachlaßverbindlichkeiten.*

Folgende Bestattungsarten sind zur Zeit möglich:

- Erdbestattung (Friedhofsordnung beachten)
- Feuerbestattung (meist gemeinsame Verbrennung mit anderen)
- Seebestattung (üblicherweise in der Nord- oder Ostsee)

Tip

Am kostengünstigsten ist die Feuerbestattung, am teuersten die Erdbestattung.

Betreuungsgesetz

Das Gesetz zur Reform des Rechts der → *Vormundschaft* und → *Pflegschaft* für Volljährige (Betreuungsgesetz) vom 12.9.1990 tritt am 1.1.1992 in Kraft. Dieses Gesetz richtet die Betreuung am individuellen Bedürfnis des Betroffenen aus und berücksichtigt dessen verbliebene Fähigkeiten. Die Geschäftsfähigkeit des Betreuten wird nicht durch eine eingerichtete Betreuung berührt.
Die bisher vernachlässigte Personensorge wird verstärkt. Zusätzlich werden die Voraussetzungen für eine fremdbestimmte Heilbehandlung, einen ärztlichen Eingriff und für eine Unterbringung bzw. für unterbringungsähnliche Maßnahmen geregelt. Besonders strenge Voraussetzungen werden für die Einwilligung des Betreuers in den ärztlichen Eingriff einer Sterilisation gefordert.

Betriebsaufgabe

Die Betriebsaufgabe wird der Veräußerung eines Betriebes gleichgestellt. Sie führt also zur Aufdeckung der stillen Reserven. In beiden Fällen wird der Veräußerungsgewinn zur Einkommensteuer herangezogen, soweit er (bei der Aufgabe/Veräußerung des ganzen Gewerbebetriebes) 30.000 DM übersteigt. Bei der Aufgabe/Veräußerung nur eines Teiles, z. B. des halben Gewerbebetriebes, beträgt der Freibetrag entsprechend weniger, z. B. nur 15.000 DM.

Der Freibetrag ermäßigt sich um den Betrag, um den der Aufgabe-/Veräußerungsgewinn 100.000 DM übersteigt. Beträgt der Aufgabegewinn für den Betrieb 120.000 DM, so beläuft sich der Freibetrag nur noch auf 10.000 DM; 110.000 DM sind steuerpflichtiger Aufgabegewinn.

Wenn der Steuerpflichtige nach Vollendung seines 55. Lebensjahres oder wegen dauernder Berufsunfähigkeit seinen Gewerbebetrieb aufgibt oder veräußert, tritt an die Stelle des Freibetrages von 30.000 DM der höhere Freibetrag von 120.000 DM und an die Stelle des Grenzbetrages von 100.000 DM der höhere Grenzbetrag von 300.000 DM. Entsteht bei einem 55 Jahre alten Unternehmer beispielsweise ein Betriebsaufgabegewinn von 350.000 DM, so ermäßigt sich der Freibetrag auf 70.000 DM. 280.000 DM sind steuerpflichtig.

Soweit der Aufgabe-/Veräußerungsgewinn nach diesen Freibeträgen nicht steuerfrei bleibt, tritt eine Tarifermäßigung auf den halben Steuersatz ein.

Der Betriebsaufgabegewinn gehört außerdem nicht zum Gewerbeertrag und unterliegt deshalb nicht der Gewerbesteuer.

Betriebsausgaben

Dies sind Aufwendungen, die durch den Betrieb veranlaßt werden, d. h. im Bereich der Land- und Forstwirtschaft, eines Gewerbebetriebes oder der selbständigen Arbeit (Freiberufler) (ergänzend → Werbungskosten und → Kleinunternehmer).

Blutarmut

→ *Anämie*

Bluthochdruck

→ *Hypertonie*

Bundesbahn

→ *Seniorenpaß*

Cholesterin

Normwerte für Personen über 50 Jahre:

Cholesterin 280 mg/100 ml (mml/l)
Triglyzeride 150 mg/100 ml (mml/l)

Cholesterin ist ein Grundbaustoff zur Synthese von Gallensäuren, Hormonen der Nebenniere (Kortikoide, Androgene, Progesteron etc.) und des Vitamins D.

Störungen des Lipidstoffwechsels im Sinne einer vermehrten Produktion entstehen vor allem durch zu kohlenhydratreiche und fettreiche Ernährung sowie durch Insulinmangel (z. B. bei Zuckerkrankheit → *Diabetes mellitus*). Ein erhöhter Cholesterinspiegel hat auf Dauer verheerende Folgen auf den Organismus durch die Entstehung arterieller Gefäßschäden (→ *Arteriosklerose*).
Besteht der Verdacht auf einen erhöhten Cholesterinspiegel, wird vom Arzt nüchtern Blut abgenommen und daraus die Triglycerinwerte und die Cholesterinwerte bestimmt.

Therapie:
Ziel der Therapie ist es, den Cholesterin- und Triglyzerinspiegel zu senken. Dazu trägt eine ausgewogene → *Ernährung* bei, die möglichst ein Idealgewicht anstreben sollte! Die Ernährung sollte dabei möglichst arm an gesättigten Fettsäuren sein, also tierische Fette (Schweinefleisch, Wurst, Speck etc.) weglassen. Dafür sollten die ungesättigten Fettsäuren vermehrt zu sich genommen werden (Keimöle, Margarine etc.). Fettreiche Milchprodukte meiden (Sahne, Käse 45 % F), lieber Magermilch, Buttermilch, Magerquark etc. zu sich nehmen. Weiterhin sind Eier und Innereien verboten!
Auch die einfachen Kohlenhydrate sollten reduziert oder besser weggelassen werden (Zucker, Alkohol), dafür lieber Süßstoff und alkoholfreie Getränke.

Tip

Tabellen mit Cholesteringehaltsangabe der einzelnen Nahrungsmittel erleichtern die Zusammensetzung des Speiseplanes.

Depotverwaltung

Gerade, wenn man Jungsenior ist bzw. wenn man für das Alter einen gewissen Vermögensbetrag aufgebaut hat, stellt sich die Frage, inwieweit das Vermögen individuell verwaltet werden sollte. Eine individuelle Depot- bzw. Vermögensverwaltung bieten viele Bankinstitute ab 100.000 DM, manche aber auch erst ab 250.000 DM an.

Bei der Depotverwaltung muß man zwei Systeme unterscheiden:

Die Bank, d. h. das Kreditinstitut, verwaltet in einem besonderen Vermögensverwaltungsvertrag die Gelder des Kunden, bei dem er auch seine Bankverbindung hat, d. h. Verwalter und Depotbank sind identisch. Dies ist z. B. bei den Großbanken üblich. Aus dieser Konstellation können natürlich Interessenkollisionen entstehen, weil die Bank an sich einmal die Interessen des Institutes vertritt und auch die des Kunden.
Es gibt aber auch die Möglichkeit, daß der Depotverwalter unabhängig von den Instituten ist. Der Verwalter beauftragt hierbei irgendein Kreditinstitut für die Abwicklung der Wertpapierkäufe, ist jedoch an das Institut an sich nicht gebunden. Dadurch lassen sich natürlich Interessenkollisionen vermeiden.

Egal für welches System man sich entscheidet, man sollte bei der Vermögensverwaltung immer folgende Dinge beachten:

1. Dem Vermögensverwalter sollte auf jeden Fall eine Richtschnur vorgegeben werden, inwieweit das Vermögen konservativ bzw. spekulativ angelegt werden soll. Dabei ist in Vorgesprächen klarzustellen, welche Gewichte z. B. Aktienwerte oder Rentenwerte haben sollen, d. h., man sollte festlegen, daß z. B. nicht mehr als 50 % Aktienanteile erworben werden sollen.

2. Man sollte den Vermögensverwalter danach fragen, inwieweit er bezüglich seines Erfolges Vergangenheitswerte aufweisen kann, die beweisen, inwieweit er in der Vergangenheit erfolgreich andere Vermögen verwaltet hat.

3. Das Vermögensverwaltungs-Honorar wird meistens nach dem Umfang des Vermögens berechnet, also z. B. 0,5 bis 1 % vom Bestand des Vermögens am 31.12. eines jeden Jahres.
   Viele Vermögensverwalter vereinbaren mit den Kunden auch ein sog. Erfolgsvermögensverwaltungs-Honorar, das z. B. 10 % von dem Ertrag jeden Jahres berechnet. Dies sollte grundsätzlich vermieden werden, weil dadurch der Vermögensverwalter geneigt ist, das Vermögen besonders spekulativ anzulegen, damit er die Chance hat, relativ viel daran zu verdienen.
   Die Höhe des Vermögensverwaltungs-Honorars ist nicht absolut festgelegt. Die Praxis hat gezeigt, daß viele Vermögensverwalter gerade bei größerem Vermögen „sehr flexibel“ sind.

4. Geld kann man nicht nur bei dem Vermögensverwalter-Honorar sparen, sondern auch bei den An- und Verkaufsspesen der Wertpapiergeschäfte. Grundsätzlich wird bei dem An- bzw. Verkauf von Aktien 1 % des Kurswertes in Rechnung gestellt, bei festverzinslichen Werten 0,5 %. Bei diesen Kosten kann verhandelt werden, daß der Kunde nur 75 % dieser An- und Verkaufsspesen in Rechnung gestellt bekommt, oder sogar bei sehr großem Vermögen nur 50 %.
   Hat man einen unabhängigen Vermögensverwalter, der also nicht einer bestimmten Bank angehört, so ist es seine Aufgabe, mit den Instituten geringere An- und Verkaufsspesen auszuhandeln.

   Es ist jedoch darauf zu achten, daß der unabhängige Vermögensverwalter nicht an den An- und Verkäufen zusätzlich zu dem Verwaltungshonorar verdient, denn dann ist er daran interessiert, viele An- und Verkäufe im Depot zu tätigen, die sich jedoch zum Nachteil des Kunden auswirken können.

5. An das Depot selbst muß immer ein Verrechnungskonto geschaltet sein. Dies kann entweder ein laufendes Konto oder ein Sparbuch sein. Ein laufendes Konto ist nicht empfehlenswert, da die Verzinsung mit meist 0,5 % sehr gering ist und durch die Bewegung aus dem Konto Extrakosten entstehen. Am besten ist es, wenn man an das Depot ein Sparbuch anschließt, wo zumindest eine Guthabenverzinsung von z. Z. ca. 2,5 bis 3 % möglich ist. Diese Guthabenverzinsung kann jedoch mit einer Sondervereinbarung mit dem Kreditinstitut dadurch noch gesteigert werden, daß das Institut einen Bonus gewährt, soweit das Guthaben auf dem Sparbuch nicht unter 10.000 DM sinkt. So kann man durch dieses System eine Guthabensverzinsung auf dem Sparbuch z. Z. bis 7 % erreichen. Auch hier gilt wieder, daß man durch hartnäckiges Verhandeln eine Menge erreichen kann.

Diabetes mellitus (Zuckerkrankheit)

Ursache des Diabetes mellitus ist ein Mangel des Bauchspeicheldrüsen-Hormons Insulin oder eine verminderte Wirksamkeit des Insulins im Körper. Insulin transportiert Zucker und Aminosäuren aus dem Blut in die Muskeln, die Leber und das Fettgewebe. Außerdem katalysiert es einige Stoffwechselvorgänge wie die Proteinsynthese, Glykogensynthese oder Fettsynthese.

Bei Insulinmangel kommt es durch Störung des Stoffwechsels zur Blutzuckererhöhung, zur Erhöhung der Fette und des Cholesterins. Es entsteht ein vermehrter Eiweißabbau (Katabolismus).

Man unterscheidet zwei Insulinformen:

1. den juvenilen Diabetes mellitus Typ I = absoluter Insulinmangel
2. Altersdiabetes Typ II = erworbener Defekt des Insulinrezeptors.

Im folgenden geht es nur um den Typ II-Diabetes, der meist infolge einer Überernährung mit Übergewicht entsteht. Eine übermäßige Ernährung veranlaßt den Körper, vermehrt Insulin auszuschütten, um den Stoffwechsel aufrecht zu erhalten. Durch diesen hohen Insulinspiegel senkt sich die Insulinrezeptorzahl (= Ort der biochemischen Wirksamkeit des Insulins), und dadurch wird die Insulinwirkung vermindert. Die verminderte Insulinwirkung führt zu einer vermehrten Insulinausschüttung. Der Kreis wäre somit geschlossen. Irgendwann ist die Kapazität der Bauchspeicheldrüse erschöpft, und dann wird der Diabetes manifest.

Therapie:
Therapeutisch versucht man, diesen Teufelskreis folgendermaßen zu durchbrechen:

1. durch Reduzierung des Gewichtes
   Möglichst Sollgewicht erreichen! → *Ernährung*
   Wichtig sind mehrere kleine Mahlzeiten, bestehend aus:
   - reichlich Eiweiß (1-1,5 g/kg Sollgewicht) = 15-25 %
   - wenig Fett < 30 %
   - mäßig Kohlenhydrate* (kein Zucker, sondern Süßstoff)
     * 1 BE (Broteinheit) = 12 g KH (Kohlehydrate) = 25 g Brot
   - faserreiche Ballaststoffe

2. Körperliche Aktivität – Spazierengehen, Radfahren, Schwimmen

3. Medikamente
   - beim Typ II-Diabetes meist orale Antidiabetika, selten insulinpflichtig
     a) Sulfonylharnstoffe
        - stimulieren die Insulinsekretion und vermehren die Insulinrezeptoren
     b) Biguamide
        - steigert die Insulinempfindlichkeit des Körpers

Komplikationen des Diabetes mellitus

Die Komplikationen sind sehr vielfältig und teilweise auch gravierend. Deshalb ist es wichtig, eine Zuckerkrankheit gut einstellen und den Blutzuckerspiegel regelmäßig kontrollieren zu lassen!

- → *Arteriosklerose*, → *Bluthochdruck*, → *Angina pectoris*, → *Herzinfarkte*, Durchblutungsstörungen, Hirninfarkte
- Fettleber
- Nierenschädigung
- Augenveränderung bis zur Erblindung
- Polyneuropathie: Sensibilitätsstörung an den Füßen, Unterschenkeln
- Hautveränderungen

Norm Blutzucker: nüchtern 60 – 100 mg/dl

Dickerwerden der Beine

Bei der Feststellung der Umfangszunahme der Beine ist die Tatsache entscheidend, ob eines oder beide betroffen sind. Nach einem langen Tag sind auch bei jungen Menschen häufig am Abend die Beine angeschwollen, da durch langes Stehen der Blutrückfluß zum Herzen erschwert ist. Im Alter kommen nun zu dieser eher statischen Tatsache Herzprobleme hinzu. Langsam dicker werdende Beine, die am Morgen jeweils an Schwellung abgenommen haben, können Hinweise auf ein weniger kräftiges Herz (→ *Herzinsuffizienz*) geben, oder auch auf eine mangelnde Ausscheidungsfähigkeit der Niere. In diesem Fall sind hauptsächlich die Beine betroffen.

Tip

Gerade im Alter ist es wichtig, sich regelmäßig (1 x pro Woche) zu wiegen, um eine Gewichtsveränderung zu bemerken. Eine schnellere Zunahme an Gewicht (z. B. 1-2 Kilo pro 1-2 Wochen) sollte zu einem Arztbesuch Anlaß geben.

Mit einer medikamentösen Therapie des Herzens kann eine bessere Herzleistung erzielt werden. Fällt nur ein Bein durch Umfangveränderung auf, so muß an eine tiefe Venenthrombose (Verstopfung der Vene) gedacht werden (→ *Thrombose*).

Direktversicherung

Die Direktversicherung ist eine der wenigen Möglichkeiten der Arbeitnehmer, die Steuerbelastung zu senken und eine private Altersvorsorge aufzubauen. Eine Direktversicherung ist eine Lebensversicherung, die der Arbeitgeber für seinen Arbeitnehmer (Bezugsberechtigter) abschließt.

Beiträge für eine Direktversicherung bis zu 3.000 DM brauchen lediglich mit 15 % Lohnsteuer und 7 % Kirchensteuer (Abweichungen in verschiedenen Bundesländern) versteuert zu werden.

Gewährt der Arbeitgeber keine zusätzliche Leistung für die Direktversicherung, können die Beiträge auch durch den Arbeitnehmer selbst erbracht werden, indem Gehalt in Beiträge zur Direktversicherung umgewandelt wird.

Beispiel

		Arbeitnehmer ledig ohne Kinder DM		alleinverdienender Arbeitnehmer verheiratet ohne Kinder DM
zu versteuerndes Einkommen vor Gehaltsumwandlung	40.000,00		40.000,00	
Hierfür zu zahlende Einkommensteuer (Lohnsteuer) 1990		8.067,00		5.886,00
- abzüglich Bruttobetrag der Gehaltsumwandlung mtl. 250,00				
Beitrag für Direktversicherung	3.000,00		3.000,00	
pauschale Lohnsteuer (15 %)	450,00		450,00	
pauschale Kirchensteuer (7 %)	31,50		31,50	
	3.481,50		3.481,50	
Zu versteuerndes Einkommen Nach Gehaltsumwandlung	36.518,00		36.518,00	
Hierfür zu zahlende Einkommensteuer (Lohnsteuer)		7.094,00		5.114,00
Eingesparte Einkommensteuer* – jährlich –		973,00		772,00
jährlicher Eigenaufwand		2.508,00		2.709,00

*Ohne Berücksichtigung der Kirchensteuer-Ersparnis.

Direktversicherung

Als Direktversicherung gibt es verschiedene Möglichkeiten:

- Kapitallebensversicherung
- Rentenversicherung
- Fondsgebundene Lebensversicherung
- Auswahl: → *Private Altersversorgung,* → *Fondsgebundene Lebensversicherung*

Wenn man keinen Versicherungsschutz benötigt, sollte man die private Rentenversicherung wählen, bei der eine höhere Rendite möglich ist.

Tip

Auf jeden Fall sollte die Laufzeit einer Direktversicherung nicht auf das Endalter 65, sondern auf das Endalter 60 gelegt werden.

Dynamik

Viele → Lebensversicherungsverträge und → Unfallversicherungsverträge werden mit Dynamik abgeschlossen, d. h., die Beiträge bzw. Leistungen erhöhen sich von Jahr zu Jahr um einen bestimmten Prozentsatz. Lohnt sich das?

In der Unfallversicherung ist wegen der allgemeinen Preissteigerung eine Dynamik eingeschlossen. Je älter man jedoch wird, desto weniger Versicherungsschutz wird im Unfallbereich benötigt. Deshalb ist eigentlich eine Dynamik ab dem 55. Lebensjahr nicht mehr sinnvoll, und sie sollte bei der Unfallversicherung ausgeschlossen werden. Das kann jederzeit durch ein Schreiben an die Versicherung mit der Bitte um Bestätigung des Dynamikausschlusses geschehen.

Bei der Lebensversicherung entstehen durch die Dynamik für den einzelnen Versicherungsvertrag weitere Kosten, da der Versicherungsvertreter jedesmal auch Provisionen erhält. Grundsätzlich kann man sagen, daß sie bei Lebensversicherungsverträgen sinnvoll ist. Leider ist eine Dynamik von 5 % pro Jahr für den einzelnen Versicherungsnehmer viel zu groß. Die Versicherungsgesellschaften sind jedoch nicht in der Lage, sie dem Kunden nur alle zwei Jahre anzubieten. Aus diesen Gründen muß der Kunde also alle 2 Jahre der Dynamik widersprechen. Widerspricht er zwei Jahre hintereinander, hat er automatisch kein Recht mehr darauf.

Tip

Der einzelne Lebensversicherungsvertrag wird gerade durch die Dynamik in den letzten 5 bis 7 Jahren so hoch mit Kosten belastet, daß sich in diesen Jahren eine Dynamik nicht mehr lohnt. Aus diesen Gründen sollte gerade in den letzten 5 bis 7 Jahren die Dynamik grundsätzlich ausgeschlossen werden. Dies erreicht man mit einem kurzen Brief an die Versicherungsgesellschaft.

Ehegattenerbrecht

Das gesetzliche Erbrecht des Ehegatten ist je nach → *Güterstand* unterschiedlich. Ohne Rücksicht auf den Güterstand, und zwar neben und unabhängig von seinem Erbteil, erhält der Ehegatte den → *Voraus*

- neben den Erben der ersten Ordnung (Kindern, Enkeln und Urenkeln), soweit er die Gegenstände zur Führung eines angemessenen Haushaltes benötigt,
- neben den Erben der zweiten Ordnung (Eltern und Geschwistern) uneingeschränkt.

1. Bei **Zugewinngemeinschaft** erbt der Ehegatte außer seinem gesetzlichen Erbteil 1/4 des Nachlasses zusätzlich, gleichsam als pauschalen Zugewinnausgleich. Der Ehegatte erhält,

   a) wenn Erben der ersten Ordnung miterben:
   insgesamt 1/2 des Nachlasses (1/4 des Nachlasses als gesetzlichen Erbteil plus 1/4 des Nachlasses als zusätzlichen Erbteil);

   b) wenn Erben der zweiten Ordnung oder Großeltern miterben:
   insgesamt 3/4 des Nachlasses (1/2 des Nachlasses als gesetzlichen Erbteil plus 1/4 des Nachlasses als Zusatzerbteil);

   c) wenn weder Erben der ersten oder zweiten Ordnung noch Großeltern miterben:
   die ganze Erbschaft;

2. Bei **Gütertrennung** erbt der Ehegatte:
   a) wenn ein Abkömmling miterbt:
      1/2 des Nachlasses als gesetzlichen Erbteil;
   b) wenn zwei Abkömmlinge miterben:
      1/3 des Nachlasses als gesetzlichen Erbteil;
   c) wenn drei oder mehr Abkömmlinge miterben:
      1/4 des Nachlasses als gesetzlichen Erbteil (s. Ziff. 1 a, ohne Zusatzerbteil);
   d) wenn andere Erben als Abkömmlinge miterben:
      jeweils den gesetzlichen Erbteil ohne Zusatzerbteil gem. Ziff. 1 b oder c, also neben Geschwistern des Erblassers den halben Nachlaß, neben Onkel oder Tante den ganzen Nachlaß!

3. Bei **Gütergemeinschaft** erbt der Ehegatte nach den gleichen Regeln wie bei der Zugewinngemeinschaft. Zum Nachlaß gehört aber neben dem Anteil des verstorbenen Ehegatten am Gesamtgut noch das Sondergut und das Vorbehaltsgut.

Ehegattentestament

Ein gemeinschaftliches → *Testament* kann nur von Eheleuten errichtet werden. Gebräuchlich ist hier das „Berliner Testament“:

Gemeinschaftliches Testament:

1. Wir, die Eheleute Adolf und Helga, geb. Müller, Lehmann, setzen uns hiermit gegenseitig als Alleinerben ein.

2. Nach dem Tode des Überlebenden von uns sollen unsere Kinder Anna und Monika unsere Erben sein. Ersatzerben sollen deren Kinder nach den Regeln der gesetzlichen Erbfolge sein.

3. Fordert bei Tode des Erstverstorbenen eines unserer Kinder sein gesetzliches Pflichtteil, so soll es bei Tode des Überlebenden ebenfalls auf den Pflichtteil beschränkt sein.

Freiburg, den 1.3.1991

Rudolf Lehmann *Helga Lehmann geb. Müller*

Es genügt, daß einer der Ehegatten, hier der Ehemann, das gesamte gemeinschaftliche Testament **handschriftlich** niederschreibt und der andere Ehegatte, hier die Ehefrau, nur mitunterschreibt.
Ein solches gemeinschaftliches Testament mit wechselbezüglichen Verfügungen erzeugt Bindungswirkungen. Zu Lebzeiten beider Ehegatten kann es nur gemeinsam durch ein (privatschriftliches) Aufhebungstestament oder einseitig durch notariell beurkundete Erklärung widerrufen werden. Mit dem Tod des einen Ehegatten erlischt das Recht zum Widerruf. Der Überlebende kann seine eigene Testamentsverfügung nur aufheben, wenn er das ihm Zugewendete ausschlägt. Ein gemeinschaftliches Testament kann zwar von jedem Ehegatten allein beim Amtsgericht hinterlegt, jedoch nur von beiden Ehegatten gemeinsam vom Amtsgericht zurückgenommen werden.
Das Berliner Testament bedeutet, daß der überlebende Ehegatte als Alleinerbe in vollem Umfange zu Lebzeiten über den Nachlaß frei verfügen, also auch Grundstücke veräußern und das Geld verbrauchen kann. Dann bleibt für die Kinder, die sog. Schlußerben, möglicherweise nichts mehr übrig.

Besteht die Befürchtung, daß der überlebende Ehegatte neu heiraten und dann das Vermögen des Erstversterbenden in eine andere Familie mitnehmen wird, so empfiehlt sich der Zusatz einer sog. **Wiederverheiratungsklausel**, die dem Wortlaut des im Beispiel gebrachten Berliner Testaments angefügt werden könnte:

Geht der Überlebende eine neue Ehe ein, so fällt der Nachlaß des Erstversterbenden nach Maßgabe der gesetzlichen Erbfolge an unsere Kinder.

Zweckmäßig kann auch die Einsetzung des Überlebenden als → *Vorerbe* sein. Zusätzlich kann geregelt werden, daß die Nacherbschaft bereits mit einer etwaigen Wiederverheiratung des Überlebenden eintreten soll. Dies hat den Vorteil, daß der überlebende Ehegatte auch während der Vorerbenzeit über Grundstücke nicht verfügen kann, diese also zuverlässig auf die Kinder weitervererbt werden.

Das Recht des überlebenden Ehegatten sowie das Recht auf den → *Voraus* ist eingeschlossen, wenn z. Z. des Todes des Erblassers die Voraussetzungen für die Scheidung gegeben waren und der Erblasser diese beantragt oder ihr zugestimmt hat. Das gleiche gilt, wenn der Erblasser auf Aufhebung der Ehe zu klagen berechtigt war und die Klage erhoben hatte. Dagegen beseitigt das bloße Getrenntleben der Ehegatten nicht das gesetzliche Erbrecht.

Entmündigung

Eine Entmündigung kommt erst dann in Betracht, wenn einschlägige Beratung oder → Pflegschaft nicht mehr ausreichen. Entmündigt werden kann,

1. wer infolge von Geisteskrankheit oder von Geistesschwäche seine Angelegenheiten (Sorge für die eigene Person oder das Vermögen, Pflichten im beruflichen oder öffentlichen Bereich) nicht mehr zu besorgen vermag;

2. wer durch Verschwendung sich oder seine Familie der Gefahr des Notstandes aussetzt;

3. wer infolge Trunksucht oder Rauschgiftsucht seine Angelegenheiten nicht zu besorgen vermag oder sich und seine Familie der Gefahr des Notstandes aussetzt oder die Sicherheit anderer gefährdet.

Die Entmündigung wegen Geisteskrankheit führt zur Geschäftsunfähigkeit und damit auch zur Testierunfähigkeit. Alle Willenserklärungen eines Geschäftsunfähigen sind nichtig. Die Entmündigung aus den übrigen genannten Gründen bewirkt nur beschränkte Geschäftsfähigkeit. Der so Entmündigte steht einem Minderjährigen gleich, der das siebte Lebensjahr vollendet hat, d. h. Willenserklärungen, die ihm ausschließlich einen rechtlichen Vorteil bringen, sind wirksam. Andere Willenserklärungen bedürfen der Genehmigung des gesetzlichen Vertreters.

Den Antrag auf Entmündigung kann der Ehegatte, der gesetzliche Vertreter oder bei Entmündigung wegen Geisteskrankheit oder Geistesschwäche auch der Staatsanwalt stellen. Die Entmündigung wegen Verschwendung, Trunksucht oder Rauschgiftsucht nach den jeweiligen Landesgesetzen beantragt die Gemeinde oder der Sozialhilfeträger, ersatzweise auch ein Verwandter.

Die Entmündigung erfolgt durch Beschluß des Amtsgerichts, in dessen Bezirk der zu Entmündigende wohnt. Ein Volljähriger erhält, wenn er entmündigt ist, einen Vormund (→ *Vormundschaft*).

Erbauseinandersetzung

Sie sollte möglichst im gegenseitigen Einvernehmen erfolgen, denn Streit kostet Zeit und Geld.

Jeder → *Miterbe* kann das Nachlaßgericht um Vermittlung anrufen. Auch kann jeder Erbe jederzeit auf Auseinandersetzung, d. h. auf Zustimmung zu einem vorzulegenden Auseinandersetzungsplan klagen. Ist ein → *Testamentsvollstrecker* vorhanden, so hat dieser die Auseinandersetzung herbeizuführen.

Wenn ein Grundstück im Nachlaß vorhanden ist, so kann insoweit Auseinandersetzung durch Zwangsversteigerung erfolgen. Jeder Miterbe kann sofort beim Amtsgericht, in dessen Bezirk das Nachlaßgrundstück liegt, Zwangsversteigerungsantrag auf Auseinandersetzung der Erbengemeinschaft stellen. Ein vollstreckbarer Schuldtitel ist hierfür nicht erforderlich. Das Amtsgericht läßt den Wert des Grundstücks durch einen Sachverständigen schätzen (schriftliches Gutachten). Im Versteigerungstermin kann jeder Erbe mit Zustimmung der anderen Miterben beantragen, daß Fremdgebote ausgeschlossen sind.

Steuerrechtlich ergeben sich bei der Auseinandersetzung interessante Gestaltungsmöglichkeiten, vor allem, wenn sich im Nachlaß Betriebsvermögen befindet. Sehr bald nach dem Erbfall sollte der Rat eines Rechtsanwalts bzw. Steuerberaters eingeholt werden.

Erbe

→ *Gesetzliche Erbfolge*, → *Miterbe*, → *Vorerbe*

Erbengemeinschaft

→ *Miterben*

Erbenhaftung

Der → *Erbe* haftet für die Nachlaßverbindlichkeiten in vollem Umfang nicht nur mit dem Nachlaß, sondern auch mit seinem Privatvermögen. Mehrere Erben haften als Gesamtschuldner (→ *Miterben*). Zu den Nachlaßverbindlichkeiten gehören nicht nur die Altschulden des Erblassers, sondern auch die durch den Erbfall selbst entstandenen Schulden, wie → *Pflichtteil*sansprüche, → *Vermächtnisse*, → *Auflagen* und → *Beerdigungskosten.* Soweit die Nachlaßverbindlichkeiten nicht aus dem Nachlaß gezahlt werden können, kann der Erbe einkommensteuerlich → *außergewöhnliche Belastungen* geltend machen.

Deckt der Nachlaß nicht die Nachlaßverbindlichkeiten, so kann der Erbe ausschlagen. Das muß innerhalb von 6 Wochen ab Kenntnis vom Anfall der Erbschaft geschehen. Bei Erbfolge auf Grund Testaments beginnt die Frist mit gerichtlicher Eröffnung des Testaments.

Bestehen Zweifel, ob der Nachlaß die Verbindlichkeiten deckt, so sollte der Erbe sich sofort an das Nachlaßgericht oder einen Rechtsanwalt wenden, damit die Beschränkung der Erbenhaftung auf den Nachlaß erfolgreich und kostengünstig herbeigeführt wird. Dabei ist folgendes zu beachten:

- Innerhalb eines Jahres ab Annahme der Erbschaft kann beim Nachlaßgericht das sog. Aufgebotsverfahren beantragt werden (die Gläubiger werden aufgefordert, ihre Forderungen anzumelden).
- Die Einrede des Erben, bis zum Ablauf der ersten drei Monate die Berichtigung von Nachlaßverbindlichkeiten zu verweigern (sog. Drei-Monats-Einrede) verlängert sich als sog. Einrede des Aufgebotsverfahrens bis zur Beendigung dieses Verfahrens. Eine Haftungsbeschränkung wird damit nicht bewirkt.
- Steht Überschuldung des Nachlasses fest, muß der Erbe unverzüglich Nachlaßkonkurs beantragen. Seine Haftung beschränkt sich dann auf den Nachlaß.
- Innerhalb von zwei Jahren ab Annahme der Erbschaft kann der Erbe auch Nachlaßverwaltung beantragen. Dies führt ebenfalls zur Beschränkung der Haftung auf den Nachlaß.
- Nachlaßkonkurs und Nachlaßverwaltung verursachen erhebliche Kosten; deshalb werden sie vom Nachlaßgericht gar nicht erst eingeleitet, wenn keine Vermögensmasse vorhanden ist, die wenigstens die Kosten des Verfahrens deckt.

- Auch wenn weder Nachlaßverwaltung noch Nachlaßkonkurs durchgeführt werden, kann der Erbe über die Einrede der Dürftigkeit des Nachlasses eine Haftungsbeschränkung erreichen, wenn er den Nachlaß den Gläubigern zur Befriedigung herausgibt.

Gehört zum Nachlaß das Handelsgeschäft eines Vollkaufmannes, so haftet der Erbe zusätzlich verschärft nach besonderen Vorschriften des Handelsrechts. Auch dann ist Beratung durch einen Rechtsanwalt notwendig.

Erbfolge

→ *Ehegattenerbrecht,*
→ *gesetzliche Erbfolge,* → *Testament*

Erbschaftskauf

Nach dem Erbfall kann die Erbschaft als Gesamtheit ganz oder in Bruchteilen sowohl durch den Alleinerben als auch durch den → *Miterben,* → *Nacherben* oder Ersatzerben verkauft werden. Dabei geht es nicht um den Verkauf einzelner Nachlaßgegenstände. Der Kaufvertrag bedarf der notariellen Beurkundung.

Erbschaftssteuer

Die Erschafts- und die Schenkungssteuer sind in demselben Gesetz geregelt. Grundsätzlich gelten für beide Vorgänge die gleichen steuerlichen Folgen. Gleich, ob geschenkt oder vererbt, es wird der gleiche Steuersatz bei gleichen Freibeträgen angewandt. Trotzdem gibt es lohnende Gestaltungsmöglichkeiten.

Erbschaftssteuer und Schenkungssteuer umfassen folgende Vorgänge:

- den Erwerb von Todes wegen, Erbanfall, → *Vermächtnis,* → *Pflichtteilsanspruch,* sonstige Vermögensvorteile durch den Erblasser,
- die → *Schenkung* unter Lebenden,
- die Zweckzuwendung (Schenkung mit Auflage),

- das Vermögen einer Familienstiftung (unabhängig von einem Erbfall in Zeitabständen von je 30 Jahren).

Besteuert werden Zuwendungen eines Erblassers oder Schenkungen an einen „Inländer“. Als Inländer gilt jede natürliche Person, die im Inland ihren Wohnsitz oder gewöhnlichen Aufenthalt hat bzw. jeder deutsche Staatsangehörige, der sich nicht länger als 5 Jahre dauernd im Ausland aufgehalten hat, ohne im Inland einen Wohnsitz zu haben.

Die Bewertung der erbschaftssteuerpflichtigen Vorgänge erfolgt nach dem Bewertungsgesetz. Inländische Grundstücke werden mit 140 v. H. des Einheitswertes angesetzt, der auf den 1.1.1964 oder einen späteren Feststellungszeitpunkt festgestellt worden ist.

Steuerschuldner ist grundsätzlich der Erbe bzw. Beschenkte; bei einer Schenkung haftet dem Finanzamt gegenüber auch der Schenker.

Steuerpflichtiger Erwerb ist die Bereicherung des Erwerbers, d. h. der Netto-Wert des Nachlasses bzw. der Schenkung. Abzuziehen sind also alle → *Nachlaßverbindlichkeiten*, dazu gehören insbesondere:

- Schulden des Erblassers,
- → *Vermächtnisse*,
- → *Auflagen*,
- → *Pflichtteil*ansprüche,
- Erbersatzansprüche,
- Beerdigungskosten,
- → *Grabpflegekosten*,
- Nachlaß- bzw. Erwerbsregulierungskosten in Höhe von 10.000 DM Pauschalbetrag ohne besonderen Nachweis; höhere Kosten müssen durch Belege nachgewiesen werden.

Die Kosten für die Verwaltung des Nachlasses sind nicht abzugsfähig, ebensowenig dafür anfallende Beratungskosten.

Gerichte, Behörden, Notare, Vermögensverwalter, Versicherungsunternehmen und Banken sind gesetzlich verpflichtet, erbschaftssteuerpflichtige Vorgänge dem Finanzamt anzuzeigen. Das Finanzamt weiß in der Regel schon bestens Bescheid, wenn es dem Steuerpflichtigen den Vordruck zur Abgabe der Steuererklärung zuschickt.

Besonderer Beachtung bedürfen: → *Erbschaftssteuerbefreiungen*, → *Erbschaftssteuerklassen*, → *Erbschaftssteuerfreibeträge* und → *Erbschaftssteuersätze*, ergänzend → *Erbschaftssteuerversicherung*.

Erbschaftssteuerbefreiungen

Von der Erbschaftssteuer/Schenkungssteuer bleiben vor allem folgende Zuwendungen steuerfrei:

1. Hausrat einschließlich Wäsche und Kleidungsstücke sowie Kunstgegenstände und Sammlungen beim Erwerb durch Personen der → *Erbschaftssteuerklasse* I oder II bis 40.000 DM, der übrigen Steuerklassen bis 10.000 DM.
2. Andere bewegliche Sachen (außer Ziff. 1) beim Erwerb durch Personen der → *Erbschaftssteuerklasse* I oder II bis 5.000 DM, der übrigen Steuerklassen bis 2.000 DM.
   Die Befreiungen gemäß Ziffer 1 und 2 gelten für Hausrat und andere bewegliche Sachen, nicht für Sachen, die zum land- und forstwirtschaftlichen Vermögen, zum Grundvermögen oder zum Betriebsvermögen gehören, sowie nicht für Zahlungsmittel, Wertpapiere, Münzen, Edelmetalle, Edelsteine und Perlen.
3. Grundbesitz, Kunstgegenstände, Kunstsammlungen, wissenschaftliche Sammlungen, Bibliotheken, Archive bei öffentlichem Interesse an ihrer Erhaltung und wenn die Kosten die Einnahmen übersteigen, mindestens mit 60 v. H. des Wertes.
4. Zuwendungen an erwerbsunfähige Eltern, Adoptiveltern, Stiefeltern oder Großeltern, wenn die Zuwendung zusammen mit dem übrigen Vermögen der Eltern etc. 40.000 DM nicht übersteigt. Übersteigt der Wert der Zuwendung zusammen mit dem übrigen Vermögen den Betrag von 40.000 DM, so wird die Steuer nur insoweit erhoben, als sie aus der Hälfte des Betrages gedeckt werden kann, der 40.000 DM überschreitet.
5. Ein Erwerb bis zu 2.000 DM, wenn der Erwerber dem Erblasser unentgeltlich oder gegen unzureichendes Entgelt Pflege oder Unterhalt gewährt hat, soweit das Zugewendete als angemessenes Entgelt anzusehen ist.
6. Zuwendungen, die ausschließlich kirchlichen, gemeinnützigen oder mildtätigen Zwecken gewidmet sind, sofern die Verwendung zu dem bestimmten Zweck gesichert ist.
7. Zuwendungen an politische Parteien.

Erbschaftssteuerfreibeträge

Der Ehegatte des Erblassers erhält einen persönlichen Freibetrag von 250.000 DM, alle übrigen Personen der Steuerklasse I (Kinder) jeweils 90.000 DM. Personen der Steuerklasse II (Enkel und Eltern) erhalten

50.000 DM, Personen der Steuerklasse III (Geschwister) 10.000 DM, Personen der Steuerklasse IV 3.000 DM.

Schenkt also ein Vater jedem seiner Kinder 200.000 DM, so bleiben jeweils 90.000 DM schenkungssteuerfrei, 110.000 DM werden besteuert. Die Steuerbelastung kann dadurch gemindert werden, daß der Vater den Kindern nicht Bargeld schenkt, sondern vielmehr ein Grundstück mit einem Verkehrswert von je 200.000 DM. Ist das Grundstück z. B. mit einem Einheitswert von 40.000 DM festgesetzt, so beträgt der für die Schenkungssteuer maßgebende Wert nur 140 % des Einheitswerts = DM 56.000. Dann fällt keine Schenkungssteuer an. In gleicher Weise ist der Einheitswert des Grundstücks anzusetzen, wenn der Vater zweckgebunden Geld zum Erwerb eines bestimmten Grundstücks schenkt.

Der Vater kann auch einen anderen Weg wählen, nämlich die Mutter beteiligen. Schenkt er der Mutter 200.000 DM und jedem seiner Kinder 100.000 DM, so wäre der Erwerb der Mutter als Ehefrau schenkungssteuerfrei. Jedes der Kinder hätte nur 10.000 DM zu versteuern. Die Mutter kann daher das ihr geschenkte Geld an jedes der Kinder weiterschenken, so daß erneut nur 10.000 DM zu versteuern wären. Denn auch für diesen zweiten Schenkungsvorgang hat jedes Kind 90.000 DM frei. Hier droht seitens des Finanzamts allerdings der Vorwurf der sog. Kettenschenkung, wenn die Mutter das ihr geschenkte Geld nicht wenigstens 2 Jahre lang behält.

Zusätzlich zu dem persönlichen Ehegatten-Freibetrag von 250.000 DM gibt es noch einen besonderen Versorgungsfreibetrag für den überlebenden Ehegatten von 250.000 DM, der allerdings um den Kapitalwert einer Pension oder einer Sozialversicherungsrente gekürzt wird.

Auch Kinder erhalten einen besonderen Versorgungsfreibetrag; dieser sinkt mit zunehmendem Alter. Er beträgt bis zu einem Alter von

5 Jahren	50.000 DM
5 - 10 Jahren	40.000 DM
10-15 Jahren	30.000 DM
15-20 Jahren	20.000 DM
20-27 Jahren	10.000 DM

Dieser Freibetrag wird bei Vorliegen erbschaftssteuerfreier Versorgungsbezüge um deren Kapitalwert gekürzt, ebenso um den Betrag, um den der erbschaftssteuerpflichtige Erwerb 150.000 DM übersteigt.

Soweit nach Abzug aller Freibeträge ein steuerpflichtiger Erwerb verbleibt, wird dieser nach Steuersätzen erhoben, die sich an den Steuerklassen ausrichten.

Die Freibeträge wiederholen sich sozusagen alle 10 Jahre, zurückgerechnet vom Zeitpunkt des Erbfalls. Für Schenkungen, die der Erblasser länger als 10 Jahre vor seinem Tod zugewendet hat, werden hier Freibeträge gesondert gewährt. Fällt die Zuwendung innerhalb der 10-Jahresfrist vor dem Erbfall, so wird der Wert der Schenkung mit dem Wert des Erbes zusammengerechnet. Allerdings wird die für die frühere Schenkung gezahlte Steuer in einem bestimmten Verfahren angerechnet (→ *Erbschaftssteuersätze).*

Erbschaftssteuerklassen

Bei der Erbschafts-/Schenkungssteuer werden nach dem persönlichen Verhältnis des Erwerbers zum Erblasser oder Schenker die folgenden vier Steuerklassen unterschieden:

Steuerklasse I
1. Der Ehegatte,
2. die Kinder und Stiefkinder,
3. die Kinder verstorbener Kinder und Stiefkinder.

Steuerklasse II
1. Die Abkömmlinge der in Steuerklasse I Nr. 2 genannten Kinder, soweit sie nicht zur Steuerklasse I Nr. 3 gehören,
2. die Eltern und Voreltern bei Erwerben von Todes wegen.

Steuerklasse III
1. Die Eltern und Voreltern, soweit sie nicht zur Steuerklase II gehören,
2. die Geschwister,
3. die Abkömmlinge ersten Grades von Geschwistern,
4. die Stiefeltern,
5. die Schwiegerkinder,
6. die Schwiegereltern,
7. der geschiedene Ehegatte.

Steuerklasse IV
Alle übrigen Erwerber und Zweckzuwendungen.

Die Zugehörigkeit der verschiedenen Steuerklassen entscheidet sowohl über die Höhe der Freibeträge als auch über die Höhe der Steuersätze.

Erbschaftssteuersätze

Die Erbschafts-/Schenkungssteuer wird nach folgenden Prozentsätzen erhoben:

Wert des steuerpflichtigen Erwerbs bis einschließlich DM	Vomhundertsatz in der Steuerklasse I	II	III	IV
50.000	3	6	11	20
75.000	3,5	7	12,5	22
100.000	4	8	14	24
125.000	4,5	9	15,5	26
150.000	5	10	17	28
200.000	5,5	11	18,5	30
250.000	6	12	20	32
300.000	6,5	13	21,5	34
400.000	7	14	23	36
500.000	7,5	15	24,5	38
600.000	8	16	26	40
700.000	8,5	17	27,5	42
800.000	9	18	29	44
900.000	9,5	19	30,5	46
1.000.000	10	20	32	48
2.000.000	11	22	34	50
3.000.000	12	24	36	52
4.000.000	13	26	38	54
6.000.000	14	28	40	56
8.000.000	16	30	43	58
10.000.000	18	33	46	60
25.000.000	21	36	50	62
50.000.000	25	40	55	64
100.000.000	30	45	60	67
über 100.000.000	35	50	65	70

Erbt ein leibliches Kind nach Abzug aller Freibeträge einen Vermögenswert von 1 Million DM, so sind 10 % = 100.000 DM Erbschaftssteuer zu entrichten. Erbt ein nicht mit dem Erblasser Verwandter denselben Wert, so fallen 48 % = 480.000 DM Erbschaftssteuer an. Diese hohe Steuerbelastung läßt sich in manchen Fällen durch Adoption vermeiden. Eine vergleichbare unterschiedliche Steuerbelastung ergibt sich bei Schenken oder Vererben an die Ehefrau bzw. an die Lebensgefährtin. Dies kann durch Eheschließung vermieden werden.

Erben Personen der → *Erbschaftssteuerklasse* I oder II Vermögen, das sie in den zehn letzten Jahren vor dem Erbfall erworben und versteuert haben (→ *Erbschaftssteuerfreibeträge*), so ermäßigt sich der auf dieses Vermögen entfallende Steuerbetrag wie folgt:

um vom Hundert	wenn zwischen den beiden Zeitpunkten der Entstehung der Steuer liegen
50	nicht mehr als 1 Jahr
45	mehr als 1 Jahr, aber nicht mehr als 2 Jahre
40	mehr als 2 Jahre, aber nicht mehr als 3 Jahre
35	mehr als 3 Jahre, aber nicht mehr als 4 Jahre
30	mehr als 4 Jahre, aber nicht mehr als 5 Jahre
25	mehr als 5 Jahre, aber nicht mehr als 6 Jahre
20	mehr als 6 Jahre, aber nicht mehr als 8 Jahre
10	mehr als 8 Jahre, aber nicht mehr als 10 Jahre

Gehört zum Erwerb Betriebsvermögen oder land- und forstwirtschaftliches Vermögen, so ist dem Erwerber die darauf entfallende Erbschaftssteuer auf Antrag bis zu 7 Jahren insoweit zu stunden, als dies zur Erhaltung des Betriebes notwendig ist.

Erbschaftssteuerversicherung

Ein Erbfall kann für den Begünstigten zwar einen ansehnlichen Vermögenszuwachs bedeuten, gleichzeitig aber finanzielle Probleme mit sich bringen. Vor allem bei der Vererbung von Immobilien oder Unternehmen stehen die notwendigen liquiden Mittel zur Zahlung der Erbschaftssteuer häufig nicht zur Verfügung. In diesem Fall kann zur Begleichung der Erbschaftssteuerschuld der Notverkauf der geerbten Immobilie notwendig werden.

Die optimale Lösung des Problems wird durch eine Erbschaftssteuerversicherung erreicht. Hiermit wird gewährleistet, daß das zur Finanzierung der Erbschaftssteuer benötigte Kapital (= Versicherungsleistung) genau dann zur Verfügung steht, wenn es gebraucht wird.

Vertragsrechtlich gibt es zwei Möglichkeiten:

Echte Erbschaftssteuerversicherung

Bei dieser Vertragsgestaltung ist der Erblasser Versicherungsnehmer und versicherte Person, während die Erben die Begünstigten für den Todesfall sind.

Unechte Erbschaftssteuerversicherung

In diesem Fall ist der Erblasser nur versicherte Person, während die Erben (z. B. der Ehegatte oder die Kinder) Versicherungsnehmer und begünstigte Personen für den Todesfall sind.
Je nach gewählter Vertragskonstellation ergeben sich unterschiedliche steuerliche Auswirkungen.

Das Erbschafts-/Schenkungssteuerrecht gesteht den → *Erben* gewisse Freibeträge zu. So können sich Ehegatten untereinander in Abständen von 10 Jahren maximal 250.000 DM steuerfrei übertragen. Kindern können im 10-Jahresrhythmus 90.000 DM zugewendet werden, und zwar von jedem Elternteil, sofern jeder Elternteil über eigenes Vermögen verfügt. Hieraus können die Beiträge für die „unechte" Erbschaftssteuerversicherung finanziert werden.

Steuerliche Behandlung der Aufwendungen

Versicherungen, die zur Deckung der Erbschaftssteuer abgeschlossen werden, gehören zum privaten Bereich.
Die Beitragsaufwendungen können im Rahmen der steuerlichen Höchstbeträge vom Versicherungsnehmer als → *Sonderausgaben* (Vorsorgeaufwendungen) geltend gemacht werden (soweit noch möglich); Einkommen- und Kirchensteuerschuld werden dadurch geringer.

Steuerliche Behandlung der zufließenden Versicherungsleistung

Echte Erbschaftssteuerversicherung

Die Versicherungsleistung fließt in den Nachlaß oder an einen namentlich bedachten Erben und ist dort erbschaftssteuerpflichtig.

Unechte Erbschaftssteuerversicherung

Die Versicherungsleistung fließt den Erben (als Versicherungsnehmer) erbschaftssteuerfrei und – bei mindestens zwölfjähriger Versicherungsdauer – einkommensteuerfrei zu.
Wegen der Steuerersparnis sollte also die unechte Erbschaftssteuerversicherung bevorzugt werden.

Ermittlung der benötigten Versicherungssumme

Vermögen/Schulden

privater Grundbesitz (14facher Einheitswert)	... DM
Betriebsvermögen (Einheitswert)	... DM
Wertpapiere, Beteiligungen	... DM
Bank-/Spar-/Bausparguthaben	... DM
Zahlungsmittel (Bargeld)	... DM
Hausrat, Wäsche, Kunstgegenstände	... DM
Autos, Musikinstrumente, Schmuck	... DM
Patente, Verlagsrechte	... DM
Sonstiger Nachlaß	... DM
./. Schulden des Erblassers	... DM
./. Bestattungspauschale	10.000,- DM
Übertrag	... DM

Gesamtnachlaßwert	... DM
davon Erbanteil	... DM
+ sonstiger Vermögensanfall (z. B. LV mit pers. Bezugsrecht)	... DM
- Freibeträge	... DM
- u. U. Zugewinnanspruch des Ehegatten	... DM
= voraussichtlicher steuerpflichtiger Erwerb	... DM
* Prozentsatz (lt. Tabelle S.54)	%
= fällige Erbschaftssteuer	... DM
- Bargeld aus der Erbschaft bzw. liquide Mittel	... DM
= benötigte Versicherungssumme	... DM

Erbschein

Der → Erbe kann beim Nachlaßgericht (am letzten Wohnort des Erblassers) ein Zeugnis über sein Erbrecht beantragen (Erbschein). In diesem wird, auch wenn mehrere an der Erbschaft beteiligt sind, die Größe des Erbteils ausgewiesen.
Das Amtsgericht (Nachlaßgericht) ermittelt von Amts wegen. Für den Inhalt des Erbscheins gilt gesetzlich die Vermutung der Richtigkeit. Der Erbschein begründet öffentlichen Glauben, so daß vom Nichtberechtigten gutgläubig wirksam Eigentum erworben werden kann.
Wer Erbe aufgrund eines öffentlichen → *Testaments* geworden ist, benötigt grundsätzlich keinen Erbschein. Zum Nachweis des Erbrechts genügt dann eine Ausfertigung des öffentlichen Testaments in Verbindung mit dem Eröffnungsprotokoll des Nachlaßgerichts. Dadurch werden die für die Beurkundung des öffentlichen Testaments an den Notar gezahlten Kosten wieder eingespart. Denn die Kosten des Erbscheins entsprechen den Kosten für ein öffentliches → *Testament.*
Besondere Probleme ergeben sich für die Anerkennung, Erteilung und den Inhalt von Erbscheinen im deutsch-deutschen Verhältnis.

Erbunwürdigkeit

Erbunwürdig ist:

1. Wer den Erblasser vorsätzlich und widerrechtlich tötet oder zu töten versucht hat oder wer ihn in einen Zustand versetzt hat, infolgedessen der Erblasser bis zu seinem Tode unfähig war, eine Verfügung des Todes wegen zu errichten oder aufzuheben.
2. Wer den Erblasser vorsätzlich und widerrechtlich verhindert hat, eine Verfügung von Todes wegen zu errichten oder aufzuheben.
3. Wer den Erblasser durch arglistige Täuschung oder widerrechtlich durch Drohung bestimmt hat, eine Verfügung von Todes wegen zu errichten oder aufzuheben.
4. Wer sich bezüglich der Verfügung des Erblassers eine Fälschungshandlung in Form der Urkundenfälschung, Urkundenvernichtung oder Urkundenunterdrückung schuldig gemacht hat.

Die Erbunwürdigkeit wird durch Anfechtung des Erbschaftserwerbs geltend gemacht (→ *Testamentsanfechtung*) und zwar durch den, dem der Wegfall des Erbunwürdigen zustatten kommt. Wenn der Erblasser dem Erbunwürdigen verziehen hat, ist die Anfechtung ausgeschlossen.

Erbvertrag

Erbeinsetzungen, → *Vermächtnisse* und → *Auflagen* können auch durch notariellen Erbvertrag getroffen werden. Diese Besonderheit wird dadurch sinnvoll, daß im Gegensatz zum → *Testament* der Erbvertrag durch den Erblasser nicht einseitig aufgehoben oder geändert werden kann. Zu Lebzeiten kann der Erblasser allerdings weiterhin uneingeschränkt verfügen. Auch der Vertragserbe erbt nur, was übrig bleibt.
Häufig wird ein Erbvertrag gekoppelt mit einem Erbverzichtsvertrag, in dem z. B. die Tochter auf Erbrecht und → *Pflichtteil* verzichtet zugunsten des Sohnes, der Alleinerbe eines Unternehmens wird. Die Tochter erhält zum Ausgleich eine Schenkung und erbvertraglich ein → *Vermächtnis*. Die Notarkosten des Erbvertrages sind so hoch wie beim gemeinschaftlichen → *Testament*.

Erbverzicht

Der Ehegatte und Verwandte können durch Vertrag mit dem Erblasser auf ihr gesetzliches Erbrecht verzichten. Der Verzichtende ist dann von der → *gesetzlichen Erbfolge* ausgeschlossen, wie wenn er zur Zeit des Erbfalls nicht mehr leben würde. Er hat dann auch kein → *Pflichtteil*srecht.
Der Verzicht kann allerdings auf das Pflichtteilsrecht beschränkt werden.

Tip

Wer verzichtet, sollte unbedingt regeln, zu wessen Gunsten er verzichtet, ebenso, ob sich der Verzicht auf seine Abkömmlinge erstrecken soll. Der Verzichtsvertrag bedarf der notariellen Beurkundung.

Ernährung

Gerade im Alter ist eine ausgewogene Ernährung notwendig, um den Körper leistungsfähig zu erhalten und Abwehrkräfte aufzubauen. Oftmals ist die Ernährung im Einpersonenhaushalt schwierig und wird häufig vernachlässigt. In einer solchen Situation ist eine Versorgung durch „Essen auf Rädern" (oder andere Institutionen) sinnvoll.

Hier nur einige **Grundsätze der Ernährung**:

Möglichst ausgewogen: Eiweißreich, kohlehydratarm, fettarm mit Ballaststoffen durch Vollkornbrot oder andere Vollkornprodukte, die auf solche Weise natürlich eine Verstopfung regulieren und der Kohlehydrataufnahme entgegenwirken. Z. B.

- Milchprodukte bevorzugen: Käse, Joghurt, Quark etc.,
- mageres Fleisch, Huhn, Fisch,
- rohes Gemüse, Salat,
- lieber Kartoffeln als Nudeln.

Trinken nicht vergessen: Gerade im Alter ist die Flüssigkeitszufuhr sehr wichtig. Bevorzugt werden sollten stilles Mineralwasser (besser Heilwasser), Kräutertee oder Milch. Alkohol, Kaffee und Tee sollten in Maßen genossen werden.

Eine gesunde Ernährung ist der beste Schutz vor Krankheiten. Vor allem der natürliche Alterungsprozeß kann günstig beeinflußt werden.

1 g Kohlenhydrat	=	4,1 kcal = 17,2 kJ
1 g Eiweiß	=	4,1 kcal = 17,2 kJ
1 g Fett	=	9,3 kcal = 38,2 kJ

Sollgewicht = Körperlänge (in cm minus 100) minus 15 % bei Frauen, minus 10 % bei Männern
Kalorienbedarf = Sollgewicht x 32 (bei leichter körperlicher Arbeit)
Durchschnittswerte:
50 - 60 Lebensjahre: Männer 2.775 kcal, Frauen 1.990 kcal
60 - 70 Lebensjahre: Männer 2.565 kcal, Frauen 1.825 kcal
Kalorienbedarf mit dem Alter abnehmend!

Ersatzerbe

→ *Ehegattentestament*

Fälligkeit von Lebensversicherungen

Nach langer Zeit der Beitragszahlungen bekommt man von der → Lebensversicherung endlich den Bescheid, daß die Kapitallebensversicherung zu einem gewissen Zeitpunkt fällig wird. Es stellt sich nun für den einzelnen die Frage, wie man dieses Geld am besten gewinnbringend anlegen kann. Oft liegt diesem Bescheid auch schon ein Angebot der Versicherungsgesellschaft bei, die natürlich ein Interesse daran hat, daß der Kunde die Auszahlung bei ihr anlegt.
Lohnt sich noch keine Vermögensverwaltung, liegen die Beträge also unter 100.000 DM, so bieten sich am Markt drei Alternativen an:

1. Investmentfonds

Eine Investmentgesellschaft läßt sich danach beurteilen, wie sie die Gelder in der Vergangenheit erfolgreich verwaltet hat. Über den BVI kann man in Erfahrung bringen, wie gewinnbringend sich die einzelnen Investmentfonds entwickelt haben. Zu beachten ist, daß diese Vergangenheitswerte nicht

einfach in die Zukunft hochgerechnet werden können. Es gibt bei Investmentfonds keine feste Rendite bzw. Verzinsung.
In der Statistik vom Bundesverband für Investment ist der Ausgabeaufschlag nicht mit berücksichtigt. Grundsätzlich haben Aktienfonds einen Ausgabeaufschlag in Höhe von 5 % und Rentenfonds einen Ausgabeaufschlag in Höhe von 3 %.

Möchte man nun sein Geld aus der Lebensversicherung in einem Investmentfonds anlegen und monatlich aus einem sog. Auszahlungsplan eine gewisse Rente erhalten, so eignet sich ein Aktienfonds nicht dazu. Dieser ist viel zu spekulativ. Man sollte auf jeden Fall einen Rentenfonds wählen, wobei man die Möglichkeit hat, daß man einen Teil in einen inländischen Rentenfonds anlegt, der kein Währungsrisiko beinhaltet, und einen Teil in einen sog. ausländischen Rentenfonds, der jedoch ein gewisses Währungsrisiko bzw. auch eine gewisse Währungsgewinnmöglichkeit in sich birgt.

Wie hoch nun die zu erwartende Rente bei einem gewissen Geldbetrag ist, kann aus Anlage 3.2 einfach abgelesen werden. Es ist dabei zu beachten, daß diese Tabelle den Ausgabeaufschlag von 3 bzw. 5 % berücksichtigt hat. Viele Investmentgesellschaften haben dies in ihren eigenen Tabellen noch nicht eingearbeitet.

Beispielsweise würde ein Kunde bei einem Betrag von 100.000 DM bei einem Kapitalverzehr in 10 Jahren und bei einem Zinssatz von 7,5 % eine monatliche Rente von 1.139 DM bekommen.

Gerade der Auszahlungsplan bei einer Investmentgesellschaft ist sehr flexibel. Der Kunde hat jederzeit die Möglichkeit, die regelmäßige Auszahlung zu verringern bzw. zu erhöhen. Er hat zusätzlich aber auch die Möglichkeit, sich von der Investmentgesellschaft einen einmaligen Betrag auszahlen zu lassen. Hierbei bedarf es keiner Kündigungsfrist. Dies ist einfach möglich durch einen Brief an die Investmentgesellschaft.

Früher wurden vor allem ausländische Rentenfonds empfohlen, da das deutsche Zinsniveau vor einigen Jahren noch relativ niedrig war und im Ausland wesentlich höhere Zinsen erzielbar waren. Dieser Grund ist z. Z. nicht gegeben. Das Zinsniveau in Deutschland ist im Moment sehr hoch. Aus diesen Gründen sollte man sein Geld in deutschen Rentenfonds anlegen.

2. Bankrente

Man kann sein Geld aber auch direkt bei einer Bank einzahlen. Hier fällt im Gegensatz zum Investmentfonds kein Ausgabeaufschlag an. Dies hat den Vorteil, daß dort keine zusätzlichen Kosten entstehen, wobei der Zinssatz zwar fest, aber etwas geringer als bei den Investmentgesellschaften ist. Eine Auswahl interessanter Bank-Rentenpläne bieten z. B. u. a. an:

- Bankhaus Reuschel & Co., Maximilianplatz 13, 8000 München 2, Tel.-Nr. 089-2 39 50
- Deutsche Bank, Taunusanlage 12, 6000 Frankfurt 1, Tel.-Nr. 069-7 15 00
- Bayerische Vereinsbank, Postfach 1, 8000 München 1, Tel.-Nr. 089-2 13 20
- Weber-Bank, Nürnberger Str. 61-62, 1000 Berlin 30, Tel.-Nr. 030-21 90 50.

3. Verrentung

Man kann den Betrag, den man aus der Lebensversicherung ausgezahlt bekommt, aber auch bei einer Lebensversicherung verrenten. Dies bedeutet: Man bekommt lebenslang eine bestimmte Rente, die entweder jährlich um einen gewissen Prozentsatz steigt oder die am Anfang höher und dann gleichbleibend ausbezahlt wird.
Die Verrentung hat jedoch gegenüber dem Bankplan und gegenüber dem Investmentfonds den Nachteil, daß wenn man den Betrag einmal verrentet hat, dieser nicht mehr rückholbar ist.
Viele Lebensversicherungsgesellschaften bieten eine Mindestgarantiezeit zwischen 5 und 15 Jahren, wenn die versicherte Person in dieser Zeit verstirbt, so daß die Erben bzw. Hinterbliebenen die Rente für diese Zeit auf jeden Fall ausgezahlt bekommen.
Die Verrentung hat jedoch den Vorteil, daß der Kunde nur einen bestimmten Ertragsanteil versteuern muß. Bei einer hohen Steuerprogression ist dies überlegenswert.
Z. B. folgende Versicherungsinstitute könnten u. a. bei einer Verrentung angesprochen werden:

- Deutscher Lloyd Lebensversicherung, Postfach 20 06 23, 8000 München 2, Tel.-Nr. 089-5 90 80
- Generali Lebensversicherung, Postfach 10 01 48, 6000 Frankfurt 1

- Gerling Konzern Lebensversicherung, Postfach 10 08 08, 5000 Köln 1, Tel.-Nr. 0221-14 41
- Schweizerische Lebensversicherung und Rentenanstalt, Postfach 40 17 09, 8000 München 40, Tel.-Nr. 089-38 10 90.

Welche Alternative von diesen drei Möglichkeiten in Frage kommt, kann nicht pauschal beantwortet werden. Wie jede Anlageform haben alle Anlagefonds Vor- und Nachteile. Am besten wäre es, daß man, wenn man einen Betrag z. B. in Höhe von 200.000 DM zur Verfügung hat, sein Geld splittet, d. h. das einzelne Geld verschiedenen Instituten anvertraut.
Gerade bei sehr gesunden und fitten Senioren ist es unter Umständen empfehlenswert, die Verrentung zu wählen. Je länger die Lebenserwartung ist, desto eher rentiert sich die Verrentung. Im Gegensatz zu der Lebensversicherung, bei der die Versicherungsgesellschaften darauf hoffen, daß die versicherte Person das Vertragsende erlebt, so hoffen hier die Versicherungsgesellschaften, daß derjenige, der sein Geld verrentet hat, relativ schnell verstirbt. Dies ist zwar makaber, aber kaufmännisch wohl richtig gedacht.

Festgeld

Das Festgeld ist eine kurzfristige Anlagemöglichkeit, bei der der Anleger beim Kreditinstitut sein Geld für eine bestimmte Dauer festlegt.
Die Mindestsumme beträgt in der Regel 10.000 DM, die Laufzeit mindestens einen Monat.

Tip

Die Zinssätze der Banken für Festgeld sind sehr unterschiedlich. Man kann aber über den Zinssatz mit der Bank verhandeln. Je höher der Geldbetrag ist, desto höher ist auch in der Regel der Zinssatz.

Das Festgeld kann in verschiedenen Währungen geführt werden.

Wenn man sich für ein Festgeld interessiert, sollte man unter anderem z. B. bei folgenden Banken anfragen:

- Augsburger Aktienbank, Postfach 10 11 60, 8900 Augsburg, Tel. 0821/5015-0

- BSV-Bank, Baseler Str. 27-31, 6000 Frankfurt 1, Tel. 069/2 56 10-0
- Pacific Bank, Postfach 26 05, 2900 Oldenburg, Tel. 0441/222-1

Fondsgebundene Lebensversicherung

Die fondsgebundene → *Lebensversicherung* ist eigentlich nur die Kopplung eines Investment-Sparvertrags mit einer Risiko-Lebensversicherung. Diese Art der Lebensversicherung ist z. Z. sehr in Mode, da die Lebensversicherungsgesellschaften aufgrund der positiven Aktienmarktentwicklung mit guten Vergangenheitswerten werben können. Die fondsgebundene Lebensversicherung wird auch deshalb zur Alternative eines Aktienfonds angeboten, da hier die Vermittler eine höhere Vermittlungsprovision bekommen. Oft wird auch der Begriff „Sachwertpolice" verwendet.
Grundsätzlich ist die fondsgebundene Lebensversicherung nicht empfehlenswert. Zwar wird immer wieder das Argument gebracht, daß die Erträge aus der fondsgebundenen Lebensversicherung nach 12 Jahren steuerfrei sind. Dies ist zwar richtig, jedoch sind die Kursgewinne in einem Aktienfonds sowieso steuerfrei, wenn der Aktienfonds über sechs Monate gehalten wird. Die teilweisen Dividendenerträge, die nicht einmal 10 % der möglichen Kursgewinne ausmachen und versteuert werden müssen, können eigentlich vernachlässigt werden. Weiter ist anzuführen, daß die fondsgebundene Lebensversicherung gegenüber der normalen Lebensversicherung nicht im Rahmen der Sonderausgaben absetzbar ist.

Das einzige Argument, das für die fondsgebundene Lebensversicherung spricht, ist, daß sie in Form einer → *Direktversicherung* möglich ist. Der Zweck einer Direktversicherung ist, daß man die private Altersversorgung aufbaut. Aber der Aufbau eine privaten Altersversorgung sollte nicht spekulativ über einen Aktienfonds im Rahmen einer fondsgebundenen Lebensversicherung erfolgen. Mit der eigenen privaten Altersversorgung sollte nicht spekuliert werden.

Tip

Wenn trotzdem ein Interesse an einer fondsgebundenen Lebensversicherung besteht, sollte auf jeden Fall eine solche abgeschlossen werden, bei der der Wechsel zwischen einem Aktien- und Rentenfonds jederzeit möglich ist. Das Vermögen kann dann von einem Aktienfonds in einen Rentenfonds bei großen Kursgewinnen jederzeit umgeschichtet werden.

Solche fondsgebundenen Lebensversicherungen bieten zur Zeit z. B. u. a. folgende Gesellschaften an:
- E + L Lebensversicherung, Hans-Bredow-Str. 1, 6200 Wiesbaden, Tel.-Nr. 0611-79 51
- Nürnberger Lebensversicherung, Postfach 21 01 80, 8500 Nürnberg 21, Tel.-Nr. 0911-5310

Fortführung der Lebensversicherungen

Viele Lebensversicherungssparer stellen sich die Frage, inwieweit es noch sinnvoll ist, → *Lebensversicherungen* im Alter weiterzuführen. Dies kann einfach festgestellt werden, indem man die Versicherungsgesellschaft bezüglich seines Lebensversicherungsvertrages mit folgendem Wortlaut anschreibt:

Betr. (hier schreiben Sie die entsprechende Lebensversicherungs-Nummer)

Sehr geehrte Damen und Herren,

bitte teilen Sie mir zu meiner o. g. Lebensversicherung folgendes mit:
1. *den jetzigen Rückkaufswert,*
2. *die jetzige beitragsfreie Versicherungssumme,*
3. *die Auszahlungssumme am Ende der Laufzeit bei ununterbrochener Beitragszahlung (sollte die Laufzeit länger als das 65. Lebensalter sein, so sollte noch hinzugesetzt werden: die Auszahlungssumme der Lebensversicherung bei ununterbrochener Beitragszahlung mit dem Endalter 65; sollte jemand früher in Rente gehen wollen, so muß er hier das Lebensalter einsetzen, zu dem er die Lebensversicherung gerne ausgezahlt haben möchte),*
4. *die Ausszahlungssumme der Lebensversicherung bei Beitragsfreistellung mit Ablauf der Lebensversicherung (die Daten müssen entsprechend ergänzt werden wie unter 3.),*
5. *wie hoch ist, falls vereinbart, der anteilige Beitrag für die Unfallzusatzversicherung?*
6. *Wie hoch ist der anteilige Beitrag, falls vereinbart, für die Berufsunfähigkeitsversicherung?*

Besten Dank im voraus.

Mit freundlichen Grüßen

Nach Erhalt der Antwort von der Versicherungsgesellschaft kann festgestellt werden, wieviel der Versicherungsvertrag bezüglich zu Nr. 1 wert wäre, wenn jetzt der Versicherungsvertrag gekündigt würde. Grundsätzlich kann davon ausgegangen werden, daß eine Kündigung nicht sinnvoll ist, wenn ein solcher Vertrag schon sehr lange läuft.

Zu Punkt Nr. 2 bekommt man die Information, wieweit bei einer Beitragsfreistellung ein entsprechender Versicherungsschutz bei einer Versicherungsgesellschaft besteht.

Zu Nr. 3 und Nr. 4 kann man durch die Differenz der Auszahlungssummenbeträge feststellen, wieviel durch die Weiterzahlung der Beiträge mehr angesammelt wird, als wenn der Vertrag jetzt beitragsfrei gestellt wird.

Summe zu Punkt 3 (bei Beitragsfreistellung)	... DM
./. Summe zu Punkt 4 (bei Beitragsweiterzahlung)	... DM
Mehrauszahlung	... DM
./. zukünftiger noch zu zahlender Beiträge	... DM
= Differenz	... DM

Anhand dieser kurzen Rechnung kann festgestellt werden, ob sich die Weiterzahlung noch lohnt.

Tip

Eine Unfallzusatzversicherung im Lebensversicherungsvertrag ist grundsätzlich nicht sinnvoll. Diese Zusatzleistung wird gerne von den Versicherungsgesellschaften abgeschlossen, da die Gewinnmargen hier sehr hoch sind. Sie kann aber jederzeit gekündigt werden. Hier bedarf es nur eines kurzen Briefes an die Versicherungsgesellschaft.

Auch eine Berufsunfähigkeitsbeitragsbefreiung bzw. eine Berufsunfähigkeitsrente im Lebensversicherungsvertrag kann meist jederzeit gekündigt werden. Hier ist individuell festzustellen, inwieweit es noch eines Schutzes bezüglich der Berufsunfähigkeitsrente bedarf. Sollte dies nicht mehr der Fall sein, so genügt ein kurzer Brief an die Versicherungsgesellschaft, um Beiträge einzusparen.

Freie Wohlfahrtspflege

→ *Heimgesetz*

Geldanlage

Viele Jungsenioren bzw. Senioren suchen eine sichere Geldanlage, die eine feste Rendite erwarten läßt und bei der ein Kursrisiko bzw. Währungsrisiko kaum vorhanden ist. Gerade der Staat bietet in einem solchen Fall viele Anlagemöglichkeiten und Varianten an, die alle Vor- bzw. Nachteile haben.

Anleihen von Bund, Bahn oder Post

Anleihen von Bund, Bahn oder Post sind börsennotierte, festverzinsliche Wertpapiere mit einer Laufzeit, die meist 10 Jahre beträgt. Diese Werte können an jedem Börsentag wieder verkauft werden. Trotz eventueller Kursschwankungen durch Zinsveränderungen am Kapitalmarkt ist das Risiko eines Kursverlustes sehr begrenzt. Hält man diese Anleihe bis zum Ende der Laufzeit, ist garantiert, daß man sie auf jeden Fall zu 100 % zurückgezahlt bekommt.

Konditionen z. Z.

a) Bundesanleihe 1991

Zinsen:	9 %
Laufzeit:	2001
Kurs z. Z.:	103,7
Rendite:	8,401 %

b) Bahnanleihe 1990

Zinsen:	9 %
Laufzeit:	2000
Kurs:	103,02
Rendite:	8,488 %

c) Postanleihe 1990

Zinsen:	9 %
Laufzeit:	2000
Kurs:	102,93
Rendite:	8,485 %

Bundesobligationen

Bundesobligationen sind sog. börsen- und festverzinsliche Wertpapiere mit einer Laufzeit von 5 Jahren. Auch diese Papiere können an jedem Börsentag wieder verkauft werden. Auch hier sind eventuelle Kursschwankungen durch Zinsveränderungen am Kapitalmarkt sehr begrenzt. Am Ende der Laufzeit wird auch hier die Anleihe auf jeden Fall zu 100 % zurückgezahlt.

Konditionen z. Z.

Zinsen:	8,825 %,	Laufzeit:	5 Jahre
Kurs:	100,20,	Rendite:	8,57 %

Bundesschatzbriefe

Bundesschatzbriefe werden im Gegensatz zu Bundesobligationen und Bundesanleihen nicht an der Börse gehandelt. Aus diesem Grunde gibt es somit kein Kursrisiko. Die Bundesschatzbriefe können bereits nach 1 Jahr zum Nennwert zurückgegeben werden. Dieses wird pro Monat und Person auf 10.000 DM begrenzt.

Bei Bundesschatzbriefen gibt es zwei Ausstattungen:

Typ A: Kleinste Stückelung 100 DM
Laufzeit: 6 Jahre
Die Zinsen werden jährlich nachträglich gezahlt

Typ B: Kleinste Stückelung 50 DM
Laufzeit: 7 Jahre
Die Zinsen werden mit Zinseszinsen erst bei Rückzahlung in einer Summe ausgezahlt.

Konditionen z. Z.: Bundesschatzbriefe (Ausgaben ab 9.1.1991)

	Zins in %	Rendite in % Typ A	Rendite in % Typ B
1 Jahr	7,50	7,50	7,50
2 Jahre	8,50	7,98	8,00
3 Jahre	8,75	8,22	8,25
4 Jahre	9,00	8,39	8,44
5 Jahre	9,25	8,53	8,60
6 Jahre	9,50	8,66	8,75
7 Jahre	9,50	-,-	8,86

Finanzierungsschätze des Bundes

Die Finanzierungsschätze des Bundes haben eine Laufzeit von 1 oder 2 Jahren. Der Mindestanlagebetrag beträgt hierbei 1.000 DM. Die Verzinsung erfolgt in der Weise, daß der Erwerber beim Kauf einen geringeren Betrag einzahlt, als er später bei der Einlösung zurückerhält. Eine vorzeitige Rückgabe der Wertpapiere ist nicht möglich.

Konditionen z. Z.

1 Jahr Laufzeit	Rendite 8,25 %
2 Jahre Laufzeit	Rendite 8,75 %

Tip

Bei dem relativ hohen Zinsniveau z. Z. ist es empfehlenswert, längerfristig anzulegen, d. h. eine Laufzeit zwischen 5 und 10 Jahren zu wählen.

Geliebten-Testament

→ *Testamentsnichtigkeit*

Geringfügig Beschäftigte

Geringfügig Beschäftigte sind versicherungsfrei in der Kranken-, Renten- und Arbeitslosenversicherung, wenn

a) die Beschäftigung innerhalb eines Jahres nach der Eigenart auf längstens 2 Monate oder 50 Arbeitstage begrenzt ist

b) oder wenn die Beschäftigung regelmäßig weniger als 15 Stunden in der Woche ausgeübt wird und das Arbeitsentgelt regelmäßig 480 DM monatlich, 120 DM wöchentlich (in den neuen Bundesländern 250 DM bzw. 62,50 DM) nicht übersteigt.

Tip

Trotzdem muß der Arbeitgeber auch geringfügig Beschäftigte an- und abmelden. Jede noch so kleine Beschäftigung gegen Entgelt wird computermäßig erfaßt. Die Entgelte aus mehreren geringfügigen Beschäftigungen werden zusammengezählt. Überschreitet die Summe die genannten Höchstgrenzen, so tritt insgesamt Sozialversicherungspflicht ein.

Geringverdiener sind Arbeitnehmer, deren regelmäßiges Arbeitsentgelt monatlich 610 DM bzw. wöchentlich 142,33 DM (in den neuen Bundesländern 320 DM bzw. 74,67 DM) nicht übersteigt. Bei ihnen trägt der Arbeitgeber die Beiträge zur Kranken-, Renten- und Arbeitslosenversicherung allein (ergänzend → *Hinzuverdienst*, → *Teilzeitkräfte*).

Gesetzliche Erbfolge

Wer kein → *Testament* gemacht hat, für dessen Nachlaß gilt die gesetzliche Erbfolge nach dem Bürgerlichen Gesetzbuch, d. h. die Erben werden in „Ordnungen" eingeteilt. Das → *Ehegattenerbrecht* ist daneben besonders geregelt.

Gesetzliche Erben (außer Ehegatten) sind:

- der 1. Ordnung: Abkömmlinge des Erblassers, also Kinder (auch Adoptivkinder und → *nichteheliche Kinder*) und, wenn diese nicht mehr leben, Enkel sowie Urenkel;
- der 2. Ordnung: Eltern des Erblassers und deren Abkömmlinge (Geschwister des Erblassers), wenn kein Erbe der 1. Ordnung mehr lebt;
- der 3. Ordnung: Großeltern des Erblassers mit deren Abkömmlingen (Vettern und Basen des Erblassers), wenn kein vorrangiger Erbe mehr lebt;
- der 4. Ordnung: Urgroßeltern und deren Abkömmlinge, wenn kein vorrangiger Erbe mehr lebt;
- der 5. und ferneren Ordnung: die übrigen Verwandten des Erblassers, wenn kein vorrangiger Erbe mehr lebt.

Bis zur dritten Ordnung wird geerbt „nach Stämmen", d. h. mehrere Erbberechtigte erben zu gleichen Teilen, z. B. 2 Kinder je 1/2, und wenn eines nicht mehr lebt, an seiner Stelle dessen Kinder die Hälfte wieder zu gleichen Teilen.

Ab der 4. Ordnung erbt derjenige, der mit dem Erblasser am nächsten verwandt ist. Der Grad der Verwandtschaft bestimmt sich nach der Zahl der sie vermittelnden Geburten (Urgroßeltern sind mir ihren Urenkeln im 3. Grad verwandt).

Mehrere Erben derselben Ordnung erben zu gleichen Teilen (→ *Miterben*).

Die Lebensgefährtin ist nicht erbberechtigt, auch wenn sie mit dem Erblasser gemeinsame Abkömmlinge hat.

Ist für den Erblasser weder der Ehegatte noch ein Erbe irgend einer Ordnung, und sei er noch so fern, feststellbar oder schlagen alle Erben aus, so wird das Bundesland Erbe, ohne daß ihm ein Ausschlagsrecht zusteht.

Für die neuen Bundesländer bleibt das bisherige Erbrecht der DDR maßgebend, wenn der Erblasser vor dem 3.10.1990 gestorben ist. Das dann eingreifende Kollisionsrecht ist zu prüfen, wenn der Erblasser oder der Erbe seinen gewöhnlichen Aufenthalt dort hatte bzw. wenn der Nachlaß dort belegen war. Wichtige Abweichungen des Erbrechts des DDR-ZGB vom BGB sind:
- gesetzliches Erbrecht des Staates bereits nach der dritten Ordnung,
- stärkeres → *Ehegattenerbrecht* einschließlich → *Voraus*,
- Vor- und Nacherbschaft (→ *Vorerbe*) sowie → *Erbvertrag* sind abgeschafft,
- → *Pflichtteil* der Kinder, Enkel und Eltern wird vom Bestehen einer Unterhaltsberechtigung gegenüber dem Erblasser abhängig gemacht.

Gewerbesteuer

Diese Steuer wird von der Gemeinde nach dem Gewerbesteuergesetz erhoben, bei der der Unternehmer seine Niederlassung hat. Besteuerungsgrundlage sind der Gewerbeertrag und das Gewerbekapital. Die Gewerbekapitalsteuer wird abgeschafft werden. Der Gewerbeertrag entspricht dem steuerlich maßgebenden Gewinn. Jede natürliche Person bzw. jede Personengesellschaft hat einen Freibetrag von 36.000 DM. Erst der diesen Betrag übersteigende Gewinn wird mit der Gewerbesteuer belastet.

Gewichtsabnahme

Jede unerwünschte Gewichtsabnahme bei gleichbleibendem Eßverhalten ist ungewöhnlich und sollte zum Arztbesuch Anlaß geben. Mit zunehmendem Alter steigt das Risiko einer bösartigen Neubildung, die oft nur durch Gewichtsverlust erkennbar wird.
Bei Männern stehen an vorderster Stelle der Bronchial-(Lungen-)krebs und der Krebs der Prostata. Bei der Frau sind es vor allem der Brustkrebs und andere gynäkologische Tumore. Eine gründliche Untersuchung kann frühzeitig eine Veränderung entdecken, die dann noch vollständig geheilt werden kann.
Häufig treten auch Blutungen auf (aus Darm, Harnröhre oder bei der Frau aus der Scheide), die Hinweise auf ein bösartiges Geschehen geben können (→ *Anämie*).

Tip

Auch wenn der erste Schritt zum Arztbesuch schwer fällt, sollte man sich dazu motivieren. Lieber einmal umsonst zum Arzt gehen als zu spät!

Gicht

Die Gicht ist eine chronische Gelenkerkrankung infolge einer Störung im Purinstoffwechsel (Eiweißstoffwechsel).
Ursache der Störung ist häufig ein erblicher Stoffwechseldefekt, der zu einer verminderten Harnsäureausscheidung und/oder zu einer vermehrten Harnsäureproduktion führt. (Harnsäure ist ein Abbauprodukt von Purin.) Steigt der Harnsäurespiegel über 7 mg%, kommt es zu den typischen Gichtsymptomen mit Ablagerung der Harnsäurekristalle in Gelenken, Haut (Gichttrophi = Knochen), Schleimbeuteln und Sehnen.
Eine andere mögliche Ursache der Gicht ist eine vermehrte Purinzufuhr durch purinreiche Nahrung (Fleisch, Fisch etc.) sowie durch vermehrten Zellzerfall (z. B. Leukämie) steigender Harnsäurespiegel. Von der Gicht betroffen sind vorwiegend Männer nach dem 25. Lebensjahr.

Symptome:

- Der Gichtanfall tritt häufig nach reichhaltiger Mahlzeit oder übermäßigem Trinkgenuß auf:

- plötzliche Schmerzen in der Großzehe mit Rötung, Schwellung und allgemeinen Entzündungszeichen (Temperatur etc.),
- bei längerem Bestehen der Gicht kommt es zu den oben genannten Gichttrophi, die vor allem am Ohr, Großzehe, Ferse und Fingergelenken entstehen können; typisch sind auch Gelenkdeformationen durch Gichttrophi nach zweijährigem Bestehen der Krankheit an Händen und Füßen,
- häufig sind Nierenkomplikationen. Man spricht dann von einer Gichtniere, da sich die Harnsäure in kristalliner Form dort ansammelt und zu Nierensteinen führen kann.

Therapie:
Im Gichtanfall kann mit Colchicin schnell geholfen werden.
- Zur Dauertherapie eignet sich eine Diät, die die Purinzufuhr gering hält (keine Innereien, kein Alkohol) und die Nieren gut durchspült (viel Trinken von Heilwassern und Kräutertee);
- medikamentös ist es möglich, Harnsäurebildung mittels Allopurinol zu reduzieren oder die Harnsäureausscheidung zu vermehren, indem man Benzbromzon gibt.

Grabpflege

Die sachgerechte Grabpflege nach genau festlegbaren eigenen Vorstellungen kann wie folgt abgesichert werden:

- durch eine → *Auflage* im → *Testament* an den → *Erben* oder → *Vermächtnisnehmer*, damit dieser die Grabpflege übernehmen muß;
- durch den Abschluß eines Dauergrabpflegevertrages mit der Friedhofsgärtnerei bzw. mit der Gemeinde/Friedhofsverwaltung bzw. mit besonderen Gesellschaften, u. a. z. B.
  - in Baden mit der Genossenschaft Badischer Friedhofsgärtner e. G. in 7500 Karlsruhe, Seminarstr. 10 (Tel. 07 21-2 07 60) bzw.
  - in Nordrhein-Westfalen mit der Gesellschaft für Dauergrabpflege Westfalen-Lippe mbH in 4600 Dortmund, Stockumer Str. 46 (Tel. 02 31-71 60 04).

  Dabei können eine Einmalzahlung entsprechend der vereinbarten Laufzeit oder laufende Jahreszahlungen vereinbart werden. Die Jahreskosten werden zur Zeit 1.000 DM nicht überschreiten;
- durch den Abschluß einer → *Grabpflegeversicherung*.

Erbschaftssteuerrechtlich sind die Grabpflegekosten abzugsfähige Nachlaßverbindlichkeiten, soweit sie erst nach dem Tode des Erblassers von den Erben zu entrichten sind. Erfolgt die Zahlung der Grabpflegekosten entsprechend den jeweiligen laufenden Pflegeleistungen, sind sie mit dem Kapitalwert abzugsfähig.

Schließt der Erblasser einen langfristigen Vertrag über Grabpflege ab, so ist dieser für den Erben bindend. Der Erbe kann den Vertrag nur dann kündigen, soweit dies durch den Erblasser vereinbart wurde.

Tip

Ausnahmsweise kann der vom Erblasser geschlossene Dauergrabpflegevertrag sittenwidrig und deshalb nichtig sein, wenn er eine extrem lange Laufzeit von z. B. 40 Jahren und ein sehr hohes Gesamtentgelt von z. B. 116.000 DM bei einem jährlichen Kostenaufwand von 3.233 DM hat.

Grabpflegeversicherung

Durch die Grabpflegeversicherung können die Kosten eine Grabpflege abgesichert werden. Die durchschnittlichen Grabpflegekosten für ein einstelliges Wahlgrab bei einer üblichen Ruhezeit von 20 Jahren beträgt ca. 7.000 DM. Hierbei ist die Erstbepflanzung, gärtnerische Pflege, Überarbeitung der Grabstätte und Behebung von Senkschäden enthalten.

Zur Zeit bietet, soweit den Verfassern bekannt, nur eine einzige Versicherungsgesellschaft in Zusammenarbeit mit der Dauergrabpflege-Gesellschaft Deutscher Friedhofsgärtner mbH eine solche Dauergrabpflegeversicherung an: Hamburg-Mannheimer Versicherung, Postfach 60 10 60, 2000 Hamburg 60, Tel.-Nr. 040-6376-0. Ob eine solche Grabpflegeversicherung sinnvoll ist, muß individuell entschieden werden.

Graue Panther

Dieser Seniorenschutzbund wurde nach dem Vorbild der amerikanischen „Grey Panthers" im Jahre 1975 von Trude Unruh gegründet. Diese Organisation schrieb sich in ihre Satzung die Durchsetzung einer individuellen

Lebensgestaltung für alle älteren Bürger, einschließlich Altenheimbewohnern und Langzeitpatienten.

Nähere Auskunft erteilt:
Senioren-Schutz-Bund „Graue Panther", Rathenaustr. 2, 5600 Wuppertal, Tel.-Nr. 0202-66 55 43.

Grauer Star

→ *Katarakt*

Grunderwerbsteuer

Diese Steuer wird nach dem Grunderwerbsteuergesetz auf alle Erwerbsvorgänge betreffend Grundvermögen erhoben und beträgt 2 % der Bemessungsgrundlage (z. B. des Kaufpreises). Ausgenommen sind Erbschaften und Schenkungen; hier fehlt die Gegenleistung.
Grundstückserwerbe zwischen Ehegatten sowie zwischen Personen, die in gerader Linie verwandt sind, bleiben stets steuerfrei (→ *Behinderte*).

Güterstand

Das Bürgerliche Gesetzbuch kennt drei Arten von Güterständen, in denen das Vermögen der Ehegatten unterschiedlich geregelt ist. Die Zugewinngemeinschaft gilt ab dem 1.7.1958 kraft Gesetzes, wenn von den Ehegatten nichts anderes vereinbart wird. Die beiden anderen Güterstände können durch notariellen Ehevertrag vereinbart werden. Das hat nicht nur güterrechtliche, sondern auch erbschaftssteuerrechtliche Folgen. Bei der Zugewinngemeinschaft gehört die dem überlebenden Ehegatten zustehende fiktive Ausgleichsforderung nicht zum erbschaftssteuerpflichtigen Erwerb.

Güterstand der Zugewinngemeinschaft

Jeder Ehegatte kann hierbei grundsätzlich über sein Vermögen frei verfügen. Verfügungen über das Vermögen im ganzen und Verfügungen über

Haushaltsgegenstände bedürfen jedoch der Einwilligung des anderen Ehegatten. Stimmt der andere Ehegatte auch nicht nachträglich zu, ist die Verfügung unwirksam.
Nicht nur bei der Gütertrennung, sondern auch im gesetzlichen Güterstand der Zugewinngemeinschaft haftet kein Ehegatte für die Schulden des anderen. Es besteht eigentlich Gütertrennung, jedoch mit dem Unterschied, daß der **erarbeitete Zugewinn** nach Beendigung der Ehe (durch Tod oder durch Scheidung) ausgeglichen werden muß. D. h. was ein Ehegatte an erarbeitetem Vermögen bei Beendigung der Ehe mehr als der andere hat, muß zur Hälfte an den „Ärmeren" in Geld gezahlt werden.

Tip

Die Zugewinngemeinschaft wurde an sich auch für Altehen ab 1.7.1958 automatisch zum maßgebenden gesetzlichen Güterstand. Doch hatte jeder Ehegatte aus Altehen in einer Übergangsfrist das Recht, durch einseitige Erklärung gegenüber dem Amtsgericht, also ohne Wissen des anderen Ehegatten, die Zugewinngemeinschaft abzulehnen und so auch für den anderen nichtsahnenden Ehegatten die reine Gütertrennung herbeizuführen. Partner von Altehen können durch Anfrage beim Güterrechtsregister des Amtsgerichts anfragen, ob ihr Partner eine solche Erklärung abgegeben hat und damit feststellen, ob sie wirklich im Güterstand der Zugewinngemeinschaft leben.

Güterstand der Gütertrennung

Die Vermögen der Ehegatten sind getrennt und bleiben getrennt, auch bei Beendigung der Ehe. Es bestehen keinerlei Verfügungsbeschränkungen. Kein Ehegatte haftet für die Schulden des anderen.

Güterstand der Gütergemeinschaft

Hier werden das Vermögen des Mannes und der Frau gemeinschaftliches Vermögen der Ehegatten (Gesamtgut). Zu dem Gesamtgut gehört automatisch auch jeder Vermögensgegenstand, den der Ehemann oder die Ehefrau während der Gütergemeinschaft erwirbt. Daneben gibt es noch das Sondergut und das Vorbehaltsgut, die jeder Ehegatte selbständig verwaltet. Die Gütergemeinschaft ist in der Praxis selten.

Haftpflichtversicherung

Die private Haftpflichtversicherung ist eine der wichtigsten Versicherungen für den Privatmann überhaupt. „Haftpflicht“ ist die Verpflichtung zum Schadensersatz gegenüber Dritten. Der Versicherungsschutz erstreckt sich nur auf Schäden aus unerlaubter Handlung, jedoch nicht auf Schäden aus Vertrag.

Als empfehlenswerte Versicherungssumme kommt hier mindestens 1 Million DM pauschal für Personen- und Sachschäden in Frage. Die Haftpflichtversicherung wird günstig z. B. u. a. von der Vereinigten Haftpflichtversicherung in Hannover, Postfach 267, 3000 Hannover 1, Tel.-Nr. 05 11-60 70, angeboten.

Ist man jedoch Beamter oder Angestellter im öffentlichen Dienst, bietet u. a. z. B. die Helvetia Schweizerische Versicherungsgesellschaft, Postfach 10 10 41, 6000 Frankfurt 1, Tel.-Nr. 0 69-1 33 20, günstige Prämien an.

Außerdem haben einige Versicherer damit begonnen, für sog. Jungsenioren ab dem Alter von 60 Jahren Rabatte auf die normalen Tarifbeiträge für private Haftpflichtversicherung zu gewähren. Hier eine Auswahl solcher Anbieter:

- Colonia Versicherungs-Aktiengesellschaft, Postfach 80 50 50, 5000 Köln 80, Tel.-Nr. 02 21-6 90 01
- Deutscher Ring, Postfach 11 20 40, 2000 Hamburg 11, Tel.-Nr. 0 40-3 59 91
- die ÖVA, Postfach 10 23 64, 6800 Mannheim 1, Tel.-Nr. 06 21-4 00 40
- Schweizer National, Neue Mainzer Str. 1, 6000 Frankfurt 1, Tel.-Nr. 0 69-25 60 09-0
- Securitas, Postfach 10 78 07, 2800 Bremen, Tel.-Nr. 04 21-3 67 70.

Tip

Man sollte bei all diesen Gesellschaften ein Angebot einholen bzw. – wenn man bei dieser Gesellschaft schon versichert ist – ab dem 60. Lebensjahr den besonderen Rabatt beantragen.

Weiter ist es möglich, in der privaten Haftpflicht den nichtehelichen Lebensgefährten mitzuversichern, dies erspart ihm eine eigene private Haftpflichtversicherung. Jedoch ist zu beachten, daß Schäden untereinander damit nicht versichert sind.

Tip

Auch bei der Privathaftpflichtversicherung gilt die Regel, man sollte auf jeden Fall nur Einjahresverträge abschließen und keine Zehnjahresverträge, an die man dann über Jahre gebunden ist.

Haushaltsfreibetrag

Dieser beträgt 5.616 DM jährlich. Der Haushaltsfreibetrag kann von Steuerpflichtigen in Anspruch genommen werden, die von ihren Ehegatten dauernd getrennt leben, ebenso von Ledigen, von Geschiedenen oder von Verwitweten, soweit sie keinen Splittingtarif beanspruchen können.
Weitere Voraussetzung ist, daß der Einkommensteuerpflichtige einen Kinderfreibetrag für mindestens ein Kind erhält, das in seiner Wohnung gemeldet ist. Es kommt nicht auf den tatsächlichen Aufenthalt, sondern auf den melderechtlichen Tatbestand an. Kinder, die bei beiden Elternteilen gemeldet sind, werden dem Elternteil zugeordnet, in dessen Wohnung sie im Kalenderjahr zuerst gemeldet waren. Bei gleichzeitiger Anmeldung werden sie der Mutter zugeordnet oder mit deren (nicht widerrufbarer) Zustimmung dem Vater.
Getrennt lebende Eltern mit mehreren Kindern können die Verhältnisse so einrichten, daß bei jedem ein Kind gemeldet ist.

Haushaltshilfe

→ *Außergewöhnliche Belastung*, → *Sonderausgaben*

Hausratversicherung

Seit der Hausratversicherungsreform im Jahre 1984 gibt es z. Z. auf dem Markt zwei verschiedene Formen der Hausratversicherung: die nach den alten Bedingungen aus dem Jahre 1974 (VHB 74) und die nach den neuen Bedingungen aus dem Jahre 1984 (VHB 84).

Am Markt werden grundsätzlich nur noch die Bedingungen aus dem Jahre 1984 angeboten. Sie umfassen eine sog. Dreifach-Kombination, d. h. Versicherungsschutz besteht wegen Feuer-, Einbruchs-, Diebstahl- bzw. Leitungswasserschäden.

Der größte Unterschied von den neuen zu den alten Bedingungen (VHB 74) besteht darin, daß Glasschäden und Fahrräder jetzt nicht mehr automatisch mitversichert sind, sondern dies in der Hausratversicherung extra beantragt werden muß. Dafür ist in den neuen Bedingungen der Vandalismus neben dem Einbruchsdiebstahl automatisch mitversichert.

Tip

Viele Versicherungsgesellschaften versuchen, von den alten Bedingungen, d. h. von VHB 74 auf VHB 84 umzustellen. Bei dieser Umstellung ist jedoch zu beachten, daß Glas extra versichert werden muß und daß, wenn vorhanden, auch die Versicherung der Fahrräder zusätzlich beantragt werden muß.

Ob jetzt VHB 74 oder VHB 84 besser oder schlechter sind, kann nicht pauschal beantwortet werden, sondern muß individuell entschieden werden. Aus diesen Gründen können aus der Tabelle in Abschnitt 3.4 die Vor- bzw. Nachteile der verschiedenen Bedingungen entnommen werden.

Günstige Prämien für die VHB 74 bietet z. B. u. a. die Medien Versicherungs-AG, Postfach 21 02 63, 7500 Karlsruhe 21, Tel.-Nr. 07 21-59 00 03, an.

Günstige Prämien für die Bedingungen VHB 84 bietet z. B. u. a. die Debeka Versicherungsgesellschaft, Postfach 4 60, 5400 Koblenz, Tel.-Nr. 02 61-49 80, an.

Haus- und Grundbesitzer-Haftpflichtversicherung

Jeder Eigentümer eines Hauses oder Grundstücks haftet für die Verkehrssicherungspflicht, wie z. B. herabfallende Ziegel oder Sturz bei Glatteis.

Diese Schäden sind grundsätzlich bei einem selbstbewohnten Einfamilienhaus beitragsfrei in der privaten → *Haftpflichtversicherung* mitversichert.

Die Haus- und Grundbesitzer-Haftpflichtversicherung hat also nur Bedeutung für Wohnungen und Häuser, die vermietet, oder für Grundstücke, die unbebaut sind. Auch hier sollten Sie eine Versicherungssumme von 1 Million pauschal für Personen- und Sachschäden wählen.

Der Jahresbeitrag richtet sich nach der jährlichen eingenommenen Miete bzw. bei unbebauten Grundstücken nach deren Größe.

Auch hier sollten Sie nur Einjahresverträge abschließen, die sich von Jahr zu Jahr verlängern.

Tip

Man darf nicht vergessen, höhere Mieten auch der Versicherungsgesellschaft zu melden.

Leider gibt es für Jung- bzw. Senioren noch keine besonderen Tarife.

Haustürgeschäfte

Das Gesetz über den Widerruf von Haustür- und ähnlichen Geschäften ermöglicht es dem Kunden, sich von Verträgen zu lösen, die infolge einer Überrumpelung auf einem übereilten Entschluß beruhen und ihnen Leistungen verschaffen, für die oft kein echter Bedarf besteht und deren Entgelt ihren finanziellen Mitteln nicht entspricht. Erfaßt werden Geschäftsabschlüsse, die durch Gespräch am Arbeitsplatz, im Bereich einer Privatwohnung, anläßlich einer Freizeitveranstaltung, in öffentlichen Verkehrsmitteln oder auf der Straße zustandekommen.
Solche Rechtsgeschäfte, selbst wenn der Kunde einen Vertrag unterschrieben hat, kann er **innerhalb einer Woche schriftlich widerrufen**. Zur Wahrung dieser Frist genügt die rechtzeitige Absendung des Widerrufs. Die Wochenfrist beginnt erst zu laufen, wenn der Kunde eine schriftliche Belehrung über sein Widerrufsrecht erhalten und dies durch Unterschrift bestätigt hat. Wenn diese Belehrung unterbleibt, erlischt das Widerrufsrecht des Kunden erst einen Monat, nachdem der Geschäftspartner geliefert und der Kunde bezahlt hat.

Tip

Dieses Gesetz ist nicht anwendbar bei Geschäften unter Privatleuten oder wenn der Kunde als Geschäftsmann abschließt, ebenso nicht bei Versicherungsverträgen, bei Vereinsmitgliedschaften und bei Bürgschaften, schließlich auch nicht bei Abschluß von Kaufverträgen durch deutsche Touristen im Ausland. Hier ist also besondere Vorsicht geboten.

Heimgesetz

Dieses Gesetz regelt die Rechtsverhältnisse in → *Altenheimen*, Altenwohnheimen und Altenpflegeheimen für Volljährige. Krankenhäuser, Tageseinrichtungen und Wohnungen für alte Menschen werden von diesem Gesetz nicht erfaßt.

- Das **Altenwohnheim** besteht aus einzelnen abgeschlossenen Wohnungen, in die eigene Möbel mitgebracht werden können.
- Das **Altenheim** bietet älteren Menschen Unterkunft, ohne daß diese noch einen eigenen Haushalt führen; für Verpflegung und ärztliche Betreuung wird dort gesorgt.
- **Altenpflegeheim und Altenkrankenheime** dienen der umfassenden Betreuung und Versorgung von dauernd pflegebedürftigen älteren Menschen.

Tip

Vor Abschluß eines Heimvertrages sollte sich der Bewerber über das in Aussicht genommene Heim genau informieren (→ *Pflegeheim-Checkliste*). Er sollte sich den Vertrag rechtzeitig zur genauen Durchsicht geben lassen. Musterverträge sind bei den Verbänden der freien Wohlfahrtspflege erhältlich.

Folgende Wohlfahrtsverbände haben solche Verträge:

- Deutscher Caritas-Verband e. V.
- Diakonisches Werk der Evangelischen Kirche in Deutschland e. V.,
- Juden in Deutschland, zentrale Wohlfahrtsstelle,
- Arbeiterwohlfahrt – Bundesverband e.V.,
- Deutsches Rotes Kreuz,
- Deutscher Paritätischer Wohlfahrtsverband – Gesamtverband e. V.

Diese sechs Spitzenverbände der freien Wohlfahrtspflege (Bundesadressen s. Abschnitt 3.1) sind jeweils unter einer ortsnahen Adresse erreichbar. Diese Einrichtungen beraten auch beim Abschluß eines Heimvertrages.

Die Bewohner eines Heimes können und sollten über die Einrichtung des Heimbeirats in Angelegenheiten des Heimbetriebs (Unterbringung, Aufenthaltsbedingungen, Heimordnung, Verpflegung und Freizeitgestaltung) mitwirken.

Die Kosten für die Unterbringung in den verschiedenen Heimen sind sehr unterschiedlich. Auch insoweit kann von einem der ortsnahen Spitzenverbände der freien Wohlfahrtspflege Auskunft eingeholt werden.

Heimunterbringung

→ *Außergewöhnliche Belastung*

Heimvertrag

→ *Heimgesetz*

Herzinfarkt

Der Herzinfarkt ist ein akut eintretendes Ereignis mit heftigsten Schmerzen (etwa eine halbe Stunde anhaltend) hinter dem Brustbein, die sich anders als bei der → *Angina pectoris* nicht mit Nitropräparaten bessern lassen. Ein Infarkt geht häufig einher mit Atemnot und Schocksymptomen, mit Schweiß, Übelkeit, Blutdruckabfall. Ursache hierfür ist der akute Verschluß (meist infolge der → *Arteriosklerose*) einer Koronararterie (Arterien am Herzen) und der daraus resultierende Sauerstoffmangel, welcher den Herzmuskel nekrotisch werden läßt.

Mögliche Folgen eines Herzinfarktes sind neben der schlechten Muskelarbeit am Herzen, Rhythmusstörungen und eine Herzwandruptur. Die Prognose ist stark abhängig von der Schnelligkeit der ärztlichen Intervention. Wichtig ist ein möglichst schneller Transport ins Krankenhaus. Bis zum Eintreffen des Arztes ist es wichtig, ruhig zu bleiben, da Aufregung die

Situation des Herzens verschlechtert. Es sollte möglichst eine halbsitzende Position eingenommen und der Patient vor Auskühlung geschützt werden.

Tip

Nach einer erfolgreichen Behandlung im Krankenhaus sollte eine Rehabilitation angeschlossen werden. Günstig sind auch Selbsthilfegruppen von Infarktpatienten. Eine gute Betreuung durch den Hausarzt ist notwendig, um die Gefahr eines erneuten Infarktes zu verringern.

Herzinsuffizienz

Wenn man von einer Herzinsuffizienz spricht, so meint man damit die Unfähigkeit des Herzens, das Blutvolumen mit einem ausreichenden Druck auszuwerfen. Anfänglich macht sich diese Herzschwäche bei Belastung (z. B. Treppensteigen) bemerkbar, später im fortgeschrittenen Stadium auch in Ruhe.
Ursachen für diese Herzschwäche gibt es viele. Hier nur einige: Zustand nach einem Herzinfarkt, Herzmuskelentzündung, lang bestehender Bluthochdruck oder auch eine chronische Lungenerkrankung, da hier das Herz gegen den erhöhten Lungendruck anarbeiten muß. Außerdem ist das Nachlassen der Herzkraft ein normaler Alterungsprozeß.

Symptome:

- Atemnot (durch gestaute Lungen, da das Herz das angestaute Blut nicht schnell genug transportieren kann)
- Flachliegen im Bett nicht mehr möglich (da durch die flache Lagerung mehr Blut anfällt und die Atemnot verstärkt wird)
- eventuell Husten (durch Lungenüberfüllung); man spricht in ausgeprägten Formen von „Asthma cardiale“
- Beinverdickung = Ödeme (Wasseransammlung), die meist am Morgen geringer sind (→ *Dickerwerden der Beine*)
- nächtliches → *Wasserlassen*
- sichtbare Füllung der Venen am Hals, da sich das Blut vor dem Herzen staut
- allgemeine Symptome: Schlafstörung, Appetitmangel, Potenzstörungen.

Therapie:
- Therapie einer vorhandenen Grundkrankheit (→ *Bluthochdruck*)
- Gewichtsreduktion, Salzeinschränkung
- Wasserausschwemmung: Diuretika
- Senkung des Gefäßdruckes: Gefäßerweiternde Medikamente (Calciumantagonisten, Nitroglycerinpräparate)
- Kräftigung der Herzkraft: Digitalis

Hinterbliebenenpauschbetrag

Personen, denen laufende Hinterbliebenenbezüge bewilligt worden sind, erhalten bei der Einkommensteuer auf Antrag einen Pauschbetrag von 720 DM. Die Hinterbliebenenbezüge müssen nach dem Bundesversorgungsgesetz, den Vorschriften über die gesetzliche Unfallversicherung, den beamtenrechtlichen Vorschriften oder nach dem Bundesentschädigungsgesetz geleistet werden.
Steht der Hinterbliebenenpauschbetrag einem Kind des Steuerpflichtigen zu, für das er einen Kinderfreibetrag erhält, so wird der Pauschbetrag auf Antrag auf den Steuerpflichtigen übertragen, wenn ihn das Kind nicht in Anspruch nimmt.

Hinzuverdienst

Bei Rentenbezug ist ein Hinzuverdienst zu sehr unterschiedlichen Grenzwerten möglich:

1. Rente wegen Berufsunfähigkeit
   – Unter der Hälfte des derzeit gezahlten Tariflohns

2. Rente wegen Erwerbsunfähigkeit
   – 480 DM brutto monatlich (625 DM bei Versicherungsfall der Erwerbsunfähigkeit und Antragstellung vor 1984) aus abhängiger Beschäftigung

3. Erziehungsrente an geschiedenen Ehegatten
   – 1.950 DM brutto monatlich, 812,50 DM bei großer Erziehungsrente

4. Vorzeitige Altersruhegelder
   - 450 DM brutto monatlich oder zweimonatige Aushilfe mit vollem Verdienst

5. Flexibles Altersruhegeld
   - 480 DM brutto monatlich bis zur Vollendung des 62. Lebensjahres
   - 1.000 DM brutto monatlich nach Vollendung des 62. Lebensjahres
   - zweimonatige Aushilfe mit vollem Verdienst

6. Altersruhegeld mit 65 Jahren
   - Keine Verdienstbeschränkungen (gilt für alle Altersruhegelder ab 65 Jahre)

7. Kinderzuschuß zur Versichertenrente
   - Bis zur Vollendung des 18. Lebensjahres: keine Verdienstbeschränkungen
   - Nach Vollendung des 18. Lebensjahres: Ausbildungsvergütung unter 750 DM brutto monatlich oder Unterhaltsgeld unter 610 DM monatlich oder Übergangsgeld unter 600 DM monatlich

8. Waisenrente
   - Bis zur Vollendung des 18. Lebensjahres: keine Verdienstbeschränkungen
   - Nach Vollendung des 18. Lebensjahres: Ausbildungsvergütung unter 1.000 DM brutto monatlich oder Unterhaltsgeld unter 800 DM monatlich oder Übergangsgeld unter 800 DM monatlich

Insbesondere beim Rentenbezug wegen Berufsunfähigkeit wird sogar erwartet, daß zu dieser Rente hinzuverdient wird. Hier ist auch ein Hinzuverdienst in selbständiger Tätigkeit möglich. Bei der Rente wegen Erwerbsunfähigkeit hingegen darf keinerlei selbständige Tätigkeit ausgeübt werden. Die zulässigen Hinzuverdienstgrenzen verstehen sich jeweils bezogen auf die Einnahmen aus nichtselbständiger Tätigkeit abzüglich Werbungskosten bzw. Einnahmen aus selbständiger Tätigkeit abzüglich Betriebsausgaben.

Tip

Über die Bundesversicherungsanstalt für Angestellte, Ruhrstr. 2, 1000 Berlin 88, ist die Broschüre „Rente und Hinzuverdienst" beziehbar.

Wer neben dem Bezug eines vorzeitigen oder flexiblen Altersruhegeldes über die gesetzlichen Hinzuverdienstgrenzen hinaus aufgrund einer Beschäftigung oder selbständigen Tätigkeit Einkommen erzielt und dies dem Rentenversicherungsträger nicht mitteilt, obwohl er auf die Rechtslage und seine Mitteilungspflichten hingewiesen worden ist, erfüllt den Tatbestand des Betrugs (→ Teilzeitbesch*äftigte*).

Hundehaftpflichtversicherung

Die Hundehaftpflichtversicherung ist eine wichtige Versicherung für Hundebesitzer, da der Hund nicht in der Privathaftpflicht versichert ist.
Hier sollte eine Versicherungssumme von 1 Million DM pauschal für Personen- und Sachschäden gewählt werden. Eine günstige Versicherung bietet z. B. u. a. die Vereinigte Haftpflichtversicherung in Hannover, Postfach 267, 3000 Hannover 1, Tel.-Nr. 0511-50 70, an.

Tip

Auch hier gilt wieder, daß nur Einjahresverträge, die sich von Jahr zu Jahr automatisch verlängern, abgeschlossen werden sollten.

Leider gibt es für Jung- bzw. Senioren noch keine besonderen Tarife.

Hypertonie – Bluthochdruck

Von Hypertonie spricht man, wenn der systolische Wert über 160 mg Hg (Quecksilberdruck) liegt und der diastolische über 95 mm Hg. Solange der diastolische Wert im Normbereich bleibt, kann der systolische Wert vor allem bei älteren Menschen ansteigen, ohne behandlungsbedürftig sein zu müssen.
Die Ursache der meisten Blutdruckerhöhungen ist nicht bekannt und wird deshalb auch essentieller Bluthochdruck genannt (80 %). Von den verbleibenden 20 % ist die kardiovaskulär bedingte Hypertonie erwähnenswert, da sie vor allem ältere Menschen betrifft. Kardiovaskulär bedeutet, daß die Ursache in Beeinträchtigung des Herzens oder in der Veränderung an den Blutgefäßen zu sehen ist. Häufig findet sich eine Bradykardie des Herzens (das Herz schlägt langsamer) oder eine Elastizitätsminderung der Hauptschlagaderwand. Beides kann zu einer Blutdruckerhöhung führen.

Therapie:
Neben der medikamentösen Therapie stehen die Veränderung der Lebensgewohnheiten im Vordergrund. Regelmäßige Bewegung (Schwimmen, Radfahren) sowie Gewichtsreduktion sind von entscheidender Bedeutung. Eine Ernährungsumstellung mit Kohlenhydrat- und Fettreduktion sowie vermehrte Ballaststoffe (Vollkornprodukte) und Rohkostbestandteile (Salate) sind anstrebenswert. Ebenso ist eine Salzeinschränkung empfehlenswert.
Rauchen sollte aufgegeben werden. Kaffee/Tee sowie Alkohol sind in Maßen erlaubt.
Eine vorhandene Zuckerkrankheit (→ *Diabetes mellitus*) sollte möglichst optimal eingestellt werden.
Eine regelmäßige Blutdruckkontrolle ist in jedem Falle notwendig.
Medikamentös kommen folgende Stoffgruppen in Frage:

- Saluretika (fördern die Wasserausscheidung durch die Niere und senken so das Blutvolumen),
- Ca-Antagonisten (erweitern die Venen und senken so den Blutdruck),
- ß-Blocker (wirken direkt auf das Herz),
- und viele andere.

Investmentfonds

→ *Fälligkeit von Lebensversicherungen*, → *Private Altersversorgung*, s. Abschnitt 3.2

Kapitaleinkünfte

Kapitaleinkünfte sollten bei der Einkommensteuer erklärt werden. Dennoch wird dies trotz des Steueramnestiegesetzes immer noch vielfach unterlassen (→ *Tafelgeschäft*).

Zu den Einkünften aus Kapitalvermögen gehören:

- Gewinnanteile (Dividenden), Bezüge aus Aktien, aus Anteilen an GmbHs (offene und verdeckte Gewinnausschüttungen);

- Bezüge nach Abwicklung von Kapitalgesellschaften oder Genossenschaften;
- die auf die vorstehend genannten Bezüge anrechenbare Körperschaftssteuer;
- Einnahmen aus stiller Beteiligung und partiarischen Darlehen (mit Gewinnbeteiligung);
- Zinsen aus Hypotheken und Rentenrechten;
- Zinsen aus bestimmten → *Lebens-* bzw. *Rentenversicherungsverträgen*;
- Zinsen aus Kapitalforderungen jeder Art, z. B. aus Spareinlagen und sonstigen Guthaben bei Kreditinstituten aus Darlehen und Anleihen;
- Diskontbeträge von Wechseln und Anweisungen;
- besondere Entgelte oder Einnahmen, die neben den vorstehend genannten Einnahmen gewährt werden, Einnahmen aus der Veräußerung von Dividendenscheinen, Zinsscheinen und Schuldverschreibungen.

Nicht hierher gehören eventuelle → *Spekulationsgewinne*. Bei der Ermittlung der Einkünfte aus Kapitalvermögen ist nach Abzug der → *Werbungskosten* ein Betrag von 600 DM abzuziehen (sog. Sparerfreibetrag). Ehegatten, die zusammen veranlagt werden, wird ein Sparerfreibetrag von 1.200 DM gewährt.

Kapitalertragssteuer

Bei dieser Steuer handelt es sich um eine besondere Erhebungsform der Einkommensteuer, vergleichbar der Lohnsteuer. Der Schuldner der Kapitalerträge (z. B. die Aktiengesellschaft bzw. für sie die Bank) behält von den dem Gläubiger der Kapitalerträge zustehenden Einnahmen die Kapitalertragssteuer ein und führt sie an das Finanzamt ab.
Je nach Art der Kapitalerträge beträgt der Steuerabzug 25 % (Gewinnanteile aus Aktien und GmbH-Anteilen, verdeckte Gewinnausschüttungen, Zinsen aus partiarischen Darlehen und Einnahmen aus der Beteiligung als typisch stiller Gesellschafter) bzw. 30 % (Zinsen aus bestimmten festverzinslichen Wertpapieren). Wichtig ist die Bescheinigung der ausschüttenden Kapitalgesellschaft bzw. des Kreditinstituts über die Höhe der anrechenbaren Kapitalertragssteuer, die dann dem Finanzamt vorgelegt werden kann.

Katarakt

Der Katarakt, auch „**grauer Star**" genannt, ist eine Linsentrübung des Auges. Die Ursache eines Katarakts im Alter ist häufig nicht bekannt. Als mögliche Ursache kommt manchmal der → *Diabetes mellitus* in Frage.
Erste Symptome eines beginnenden Katarakts sind das Sehen eines verschwommenen Bildes (matt und unscharf) sowie eine vermehrte Blendungsempfindlichkeit. Bei trübem, gedämpftem Licht ist die Pupille weit, und der betroffene Patient kann besser sehen. Manchmal fällt ein grauer Star auch durch Verbesserung der Sehleistung im Nahen auf, da die Augen kurzsichtiger werden.
Der Augenarzt sieht die Trübungen der Linse und ihre genaue Lokalisation. Bei einer vollständigen Linsentrübung sollte auf jeden Fall zu einer Staroperation geraten werden. Durch moderne Operationsmethoden ist der Einsatz einer Kunstlinse anstelle der natürlichen Linse eine nahezu optimale Lösung, da auf eine Starbrille oder Kontaktlinse verzichtet werden kann. Eine mögliche Komplikation dieser Methode ist der Nachstar, der durch neugebildetes Gewebe entsteht, welches abgesaugt werden kann. In der Regel treten solche Komplikationen 1-2 Jahre nach der Operation auf.

Kinderbetreuungskosten

Dies sind Aufwendungen für Dienstleistungen zur Betreuung eines im Haushalt eines Alleinstehenden lebenden Kindes. Solche Aufwendungen können als → *außergewöhnliche Belastung* in normalen Fällen bei der Einkommensteuer geltend gemacht werden, soweit die Aufwendungen wegen

1. Erwerbstätigkeit oder
2. körperlicher, geistiger oder seelischer Behinderung oder
3. Krankheit (für mindestens drei Monate ohne Unterbrechung)

des Alleinstehenden erwachsen. Alleinstehend sind Unverheiratete ebenso wie Verheiratete, die von ihrem Ehegatten dauernd getrennt leben. Der für Kinderbetreuungskosten abzuziehende Betrag darf bei Alleinstehenden mit einem Kind 4.000 DM im Kalenderjahr nicht übersteigen. Dieser Betrag erhöht sich für jedes weitere Kind um 2.000 DM.

Ausnahmsweise erhalten diese Vergünstigung auch zusammenlebende Ehegatten, wenn die Kinderbetreuungskosten entweder wegen Krankheit oder Behinderung beider Ehegatten (Erwerbstätigkeit ist dann nicht erforderlich) oder wegen Krankheit bzw. Behinderung eines Ehegatten bei Erwerbstätigkeit des anderen Ehegatten erwachsen. Die Erwerbstätigkeit beider Ehegatten begründet nicht die Abzugsfähigkeit von Kinderbetreuungskosten.

Kleinunternehmer

Wer eine gewerbliche oder freiberufliche Tätigkeit ausführt, unterliegt grundsätzlich der → *Umsatzsteuer*. Solange sein Umsatz jedoch nicht mehr als 25.000 DM im Jahr beträgt, ist er sog. Kleinunternehmer. Das bedeutet, daß für seine Umsätze keine Umsatzsteuer erhoben wird. Allerdings ist der Kleinunternehmer dann auch nicht zum Vorsteuerabzug berechtigt. Der Kleinunternehmer kann dem Finanzamt gegenüber erklären, daß er auf diese Sonderstellung verzichtet und so zum normalen Umsatzsteuersystem mit Vorsteuerabzug optieren. Diese Erklärung kann der Kleinunternehmer auch noch nach Ablauf des Wirtschaftsjahres abgeben, bis die Umsatzsteuerfestsetzung für das Wirtschaftsjahr rechtskräftig ist.
An die Optionserklärung ist der Kleinunternehmer fünf Jahre lang gebunden.

Kraftfahrzeugversicherung

Bei dem Abschluß einer Kfz-Versicherung muß man folgende Punkte beachten:

1. Es sollte hier unbedingt eine unbegrenzte Deckungssumme abgeschlossen werden, damit eventuell bei einem größeren Schaden keine Versicherungslücke entsteht.
2. Auf jeden Fall sollte auch eine Teilkaskoversicherung mit eingeschlossen werden.
   Die Teilkaskoversicherung gibt es in zwei Formen: mit einer Selbstbeteiligung von 300 DM oder ohne Selbstbeteiligung. Bei großen Fahrzeugen lassen sich erhebliche Beiträge einsparen, wenn man eine Selbstbeteiligung von 300 DM wählt.

3. Auch bei der Vollkaskoversicherung kann durch eine Vereinbarung einer Selbstbeteiligung (bis zu 2.000 DM) Prämie eingespart werden.

Welche Versicherung nun für Ihren Wagen günstig ist, kann nicht pauschal beantwortet werden. Die Tarife der einzelnen Versicherungsgesellschaften sind so kompliziert, daß nur ein Computervergleich die richtige Antwort geben kann. Solche Kfz-Versicherungsvergleichsprogramme werden von unabhängigen Vermittlern angeboten.

Hier einige Gesellschaften z. B. u. a. als Ansprechpartner:

- Deutsche Allgemeine Versicherungsgesellschaft, Postfach 17 045, 6000 Frankfurt/Main 51, Tel.-Nr. 0 69-7 11 51
- Haftpflichtverband der Deutschen Industrie, Postfach 51 03 69, 3000 Hannover 51, Tel.-Nr. 05 11-64 51
- HUK Coburg Allgemeine, Postfach 18 02, 8630 Coburg, Tel.-Nr. 0 95-61 96-1
- Cosmos-Versicherung, Beethovenstr. 1, 6000 Saarbrücken

Tip

Entscheidend sind nicht nur die Beiträge an sich, sondern auch die Beitragsrückerstattungen. Sie sollten auf jeden Fall die Gesellschaften anschreiben, inwieweit in den letzten Jahren Beitragsrückerstattungen erfolgt sind.

Bei einer Kündigung der alten Versicherung bleibt selbstverständlich der Schadensfreiheitsrabatt erhalten. Man sollte jedoch in der Kündigung angeben, daß eventuelle Beitragsrückerstattungen auf das entsprechende Konto zu überweisen sind, da bei einer Kündigung die Versicherungsgesellschaften diese Beitragsrückerstattungen an den ehemaligen Kunden nur auf besonderes Anfordern herausgeben.

Wichtig: Nachlaß für Behinderte

Versicherungsnehmer, die als → *Behinderte* von der Kraftfahrzeugsteuer befreit sind, erhalten eine Beitragsermäßigung von 25 %. Für Versicherungsnehmer, bei denen die Kraftfahrzeugversicherungssteuer wegen ihrer Behinderung um 50 % ermäßigt ist, berägt der Beitragssatz 12,5 %. Die Steuerbefreiung bzw. Steuerermäßigung ist durch Einreichen einer Fotokopie oder einer amtlich beglaubigten Abschrift des Kraftfahrzeugsteuerbescheides nachzuweisen.

Schwerbehindertenausweis	Nachlaß
- mit orangefarbenem Flächenaufdruck und den Merkzeichen „H", „BI" oder „aG"	25 %
- mit orangefarbenem Flächenaufdruck und dem Merkzeichen „G"	12,5 %
- ohne orangefarbenen Flächenaufdruck und ohne Merkzeichen (alter Ausweis)	25 %*)

*) Dieser Nachlaß gilt nur vorläufig, da erst nach Vorlage eines neuen Schwerbehindertenausweises beim Finanzamt endgültig über eine Steuerbefreiung/-ermäßigung entschieden wird.

Dauer
Der Nachlaß wird – sofern der Versicherungsnehmer zu diesem Zeitpunkt schon im Besitz eines Schwerbehindertenausweises war – ab Versicherungsbeginn (frühestens ab 1.1.91) eingeräumt. Er gilt für die Dauer der Steuerbefreiung.

Wichtig: Lady-Rabatt
Folgende Versicherungsgesellschaft z. B. bietet u. a. für Frauen einen sog. Lady-Rabatt an, d. h., Frauen erhalten einen Rabatt in Höhe von 10 % bei der Vollkaskoversicherung. Anschrift: Telcon Versicherung, Postfach 67 04 47, 2000 Hamburg 67, Tel.-Nr. 0 40-60 30 77 00.

Krampfadern

→ *Varikosis*

Krankenbehandlung

Mancher fürchtet, daß er im Fall schwerer, unheilbarer Erkrankung im Krankenhaus lebensverlängernd behandelt wird, obwohl eine Besserung nicht mehr zu erwarten ist. Es ist sinnvoll, für diesen Fall mit folgender privatschriftlicher Erklärung Vorsorge zu treffen:

Erklärung zur Krankenbehandlung

Ich, Rolf Lehmann, befinde mich im Vollbesitz meiner geistigen Kräfte. Sollte ich in Folge schwerer Erkrankung nicht mehr in der Lage sein, über Art und Umfang der ärztlichen Behandlung selbst zu bestimmen, erkläre ich bereits jetzt unwiderruflich, daß ich keinerlei sinnlose, lebensverlängernde Heilbehandlungen für meine Person wünsche, die meine Leiden nur verlängern würden.

Behandlungen, die keine Heilung mehr bringen können, sondern vielmehr mein Leben nur erhalten oder sogar verlängern, bitte ich abzubrechen bzw. zu unterlassen. Dies ist mein ausdrücklicher Wille.

Freiburg, den 1.3.1991

Rolf Lehmann

Eine solche Erklärung erleichtert den behandelnden Ärzten die Entscheidung. Angehörige können die Entscheidung stellvertretend nicht treffen. Eine gerichtliche Regelung, die Grundlage für die Entscheidung über den Abbruch jeglicher Behandlung oder lebenserhaltender Versorgung sein kann, existiert im deutschen Recht nicht. Deshalb ist es wichtig, daß der Patient selbst bereits in „guten Tagen" eine unmißverständliche Erklärung abgibt. Diese sollte bei einer Vertrauensperson, einem guten Freund, möglicherweise auch beim Hausarzt, hinterlegt sein.

Eine andere Problematik ergibt sich bei der → *Sterbehilfe*. Ergänzende Unterstützung gibt die Deutsche Gesellschaft für Humanes Sterben e. V., Klauckstr. 6 in 8900 Augsburg.

Krankenhaustagegeld

Viele Kunden haben bei einer Versicherungsgesellschaft eine sog. Krankenhaustagegeldversicherung abgeschlossen. Versicherungen sind dazu da, um existenzgefährdende Risiken abzuwälzen und nicht, um eine Zusatzleistung im Falle eines Versicherungsfalles zu bringen. Gerade die Krankenhaustagegeldversicherung ist im Prinzip nur ein Trostpflaster für einen Krankenhausaufenthalt.
Man sollte lieber, wenn man noch im Berufsleben steht, die Krankentagegeldversicherung erhöhen, da Verdienstausfall auch dann eintritt, wenn man nicht im Krankenhaus, sondern zu Hause im Bett liegt. Aus diesen Gründen ist grundsätzlich eine Krankenhaustagegeldversicherung nicht sinnvoll, da die Krankentagegeldversicherung einen umfassenderen Schutz bietet.

Krankenhaus-Zusatzversicherung

Viele, die in der gesetzlichen Krankenversicherung versichert sind, möchten gerne, wenn sie ins Krankenhaus kommen, privatärztliche Leistungen in Anspruch nehmen bzw. im Zweibett- oder Einbettzimmer liegen können. Hierfür kann eine Krankenhaus-Zusatzversicherung abgeschlossen werden.

Ob diese Zusatzversicherung sinnvoll ist oder nicht, muß jeder für sich selbst entscheiden. Viele schließen erst dann eine Krankenhaus-Zusatzversicherung ab, wenn sie die Erfahrung bei einem Krankenhausaufenthalt in einem Mehrbettzimmer gemacht haben.
Wichtig ist, daß keine Krankenhaus-Zusatzversicherung abgeschlossen wird, die nur Wahlleistungen beinhaltet. Wahlleistungen sind solche Leistungen, die im Krankenhaus zusätzlich gewählt werden können, also die bessere Unterbringung im Einbett- oder Zweibettzimmer bzw. die Chefarztbehandlung.
Den Wahlleistungen stehen die Leistungen aus den gesetzlichen Krankenkassen, d. h. die Regelleistungen gegenüber. Ist nun eine Krankenhaus-Zusatzversicherung abgeschlossen worden, die nur die Wahlleistungen beinhaltet, und legt man sich in ein Krankenhaus, das sich nicht am eigenen Wohnort befindet und einen höheren Pflegesatz als das Krankenhaus am eigenen Wohnsitz hat, so kommt die Krankenhaus-Zusatzversicherung nur für die Differenz zwischen Regelleistungen und Wahlleistungen auf; die

Differenz für den höheren Pflegesatz innerhalb der Regelleistungen muß man jedoch selbst bezahlen. Unter diesem Gesichtspunkt sollte bei Antragstellung auf jeden Fall darauf geachtet werden, daß die Gesellschaft die gesamten Differenzkosten trägt.

Grundsätzlich kann nicht gesagt werden, welcher Versicherer hier besonders günstig ist. Eigentlich bedarf es hier eines Krankenversicherungs-Vergleichsprogramms. Solche Vergleichsprogramme bieten unabhängige Vermittler an.

Man sollte für Chefarztbehandlungen im Zweibettzimmer z. B. u. a. bei folgenden Gesellschaften nach deren Tarifen fragen:

- APK Krankenversicherungsgesellschaft, Frankfurter Str. 50, 6200 Wiesbaden 1, Tel.-Nr. 06 11-36 31
- Süddeutsche Krankenversicherung, Werastr. 21-23, 7000 Stuttgart 1, Tel.-Nr. 07 11-2 14 70
- Viktoria Krankenversicherung, Mathildenstr. 1, 4000 Düsseldorf 1, Tel.-Nr. 02 11-6 35 50.

Bei der Krankenhaus-Zusatzversicherung mit Chefarztbehandlung im Einbettzimmer sollten z. B. auch folgende Gesellschaften berücksichtigt werden:

- Deutscher Ring Krankenversicherungsgesellschaft, Ost-West-Str. 110, 2000 Hamburg 11, Tel.-Nr. 0 40-3 59 91
- Landeskrankenhilfe, Uelzener Str. 120, 2120 Lüneburg, Tel.-Nr. 0 41 31-4 40 21
- Münchener Verein Krankenversicherung, Pettenkofer Str. 19, 8000 München 2, Tel.-Nr. 0 89-5 15 20

Krankenkassen (gesetzliche)

Krankenversicherer, egal ob es sich um gesetzliche oder private Krankenversicherungen handelt, haben bei den Leistungen oftmals Abgrenzungsprobleme. Hier soll kurz eine Übersicht gegeben werden, inwieweit der Versicherte Ansprüche gegenüber der gesetzlichen Krankenkasse hat. Lehnt die Kasse irgendwelche Leistungen ganz oder auch teilweise ab, so kann man sich an die sog. Widerspruchsstelle der Krankenkasse wenden.

Leistungsbeispiel:

Krankheitsfrüherkennung

Ab dem 35. Lebensjahr besteht jedes zweite Jahr Anspruch auf die ärztliche Gesundheitsuntersuchung zur Früherkennung von Krankheiten, insbesondere von Herz-, Kreislauf- und Nierenerkrankungen sowie der Zuckerkrankheit. Außerdem besteht dann einmal jährlich ein Anspruch auf Untersuchung zur Früherkennung von Krebserkrankungen. Für Frauen gilt dies frühestens ab dem 20. Lebensjahr, für Männer beginnt dies ab dem 45. Lebensjahr.

Hilfsmittel

Die Krankenkasse übernimmt für Hilfsmittel, für welche Festbeträge festgesetzt worden sind, die Kosten bis zur Höhe dieser Beträge. Für die anderen Hilfsmittel übernimmt sie den vertraglich vereinbarten Preis.

Kontaktlinsen zahlt die Krankenkasse grundsätzlich nur, wenn diese auch medizinisch notwendig sind. Dies ist jedoch wohl die Ausnahme. Sonst zahlt die Krankenkasse nur den Brillengestellkosten-Zuschuß in Höhe von 20 DM.

Fahrtkosten

Die Krankenkasse übernimmt die Kosten nur, wenn die Fahrt medizinisch begründet ist und

1. bei Fahrten zur stationären Behandlung und zurück, soweit die Fahrtkosten 20 DM je einfache Fahrt überschreiten. In diesen Fällen muß also der Patient 20 DM für jede Fahrt selbst bezahlen;

2. bei allen Rettungsfahrten. Dabei spielt es keine Rolle, ob anschließend eine Krankenhausbehandlung erforderlich ist oder eine ambulante Versorgung ausreicht. Auch hier zahlt der Patient 20 DM selbst, die Krankenkasse den Rest;

3. bei einem Krankentransport, der während der Fahrt einer fachlichen Betreuung unter der besonderen Einrichtung des Krankenwagens bedarf und bei dem dies aufgrund des Zustandes des Versicherten zu erwarten

ist, auch wenn es kein Notfall ist. Auch hier gilt wieder die Selbstbeteiligung in Höhe von 20 DM.
Benutzt der Versicherte ein privates Fahrzeug, erstattet ihm die Krankenkasse pro gefahrenen Kilometer nur 31 Pfennig, höchstens jedoch die Kosten, die bei Inanspruchnahme eines öffentlichen Verkehrsmittels entstanden wären.

Kur

Reichen die medizinischen Maßnahmen einer ambulanten Behandlung oder einer offenen Badekur nicht aus, dann kann die Krankenkasse auch eine Kur in einer Vorsorge- oder Rehabilitationseinrichtung bewilligen. Im Falle einer Bewilligung würde die Kasse neben den Kosten für ärztliche Behandlung, Bäder und Kurmittel auch die Kosten für Unterkunft und Verpflegung tragen. Der Patient muß hier allerdings pro Kalendertag 10 DM zuzahlen.

Sterbegeld

→ *Sterbegeldversicherung*

Krankenversicherung (gesetzliche) der Rentner

Rentner sind alle Empfänger von Alters-, Erwerbsunfähigkeits-, Witwen- und Waisenrenten. Diese Gruppe war bis zum Jahre 1983 krankenversichert, ohne dafür Beiträge zahlen zu müssen. Die Beiträge wurden jedoch ab 1983 jeweils gesteigert, so daß sich für Rentner seit dem 1.7.1989 der Auszahlungsbetrag der Rente um 6,5 % verminderte.

Für die Krankenversicherung der Rentner ist zunächst einmal die → *Krankenkasse* zuständig, bei der der einzelne zuletzt versichert war. Wer vor der Antragstellung versicherungspflichtig war, bleibt es auch weiterhin als Rentner. Ein Wechsel zur → *privaten Krankenversicherung* ist nicht mehr möglich.

Wer als Rentner nicht krankenversicherungspflichtig ist, z. B. der Privatversicherte, der erhält den Zuschuß mit der Rente ausbezahlt, allerdings nicht mehr als der tatsächlich gezahlte Krankenversicherungsbeitrag ausmacht.

Personen, die eine Rente erhalten und gleichzeitig hauptberuflich selbständig erwerbstätig sind, werden nicht in den gesetzlichen Krankenversicherungen der Rentner versichert. Als hauptberuflich erwerbstätig ist anzusehen, wer eine selbständige Tätigkeit mehr als 18 Stunden wöchentlich ausübt.
Wer neben einer Rente weitere **Versorungsbezüge** erhält, muß auch für diese einen Krankenversicherungsbeitrag bezahlen. Versorgungsbezüge in diesem Sinne sind Einkünfte, die auf eine berufliche Tätigkeit oder ein Beschäftigungsverhältnis zurückgehen und die als Sozialversicherungsrente wegen des Ausscheidens aus dem Erwerbsleben oder aus der Hinterbliebenenversorgung gezahlt werden. Dazu gehören z. B. Betriebsrenten und Zusatzversorgungsleistungen im öffentlichen Dienst, aber auch Renten von Berufstätigen bei Versorgungseinrichtungen. Nicht dazu gehören Kriegsopfer- oder Unfallrenten sowie andere Bezüge, die nicht im Zusammenhang mit einer Erwerbstätigkeit stehen. Versorgungsbezüge neben einer Rente müssen der Krankenkasse gemeldet werden.

Wird neben einer Rente auch ein beitragspflichtiges Arbeitsentgelt erzielt, so gilt Entsprechendes wie bei den Versorgungsbezügen.

Tip

Wichtige Ausschlußfrist: Wer in Rente geht, muß als ehemaliger Pflichtversicherter innerhalb von 3 Monaten klären, ob er freiwillig der gesetzlichen Krankenversicherung angehören will. Eine Anzeige an die Krankenkasse ist erforderlich.

Krankenversicherung im Vorruhestand

Macht der Arbeitnehmer von der Vorruhestandsregelung Gebrauch, ergeben sich in der Krankenversicherung keine Änderungen. Vorruhestandsgeld entspricht dem Arbeitsentgelt und nicht etwa der Rente.

Allerdings trägt der Arbeitgeber ab dem Zeitpunkt des Vorruhestandes den gesamten Krankenversicherungsbeitrag allein, so daß der Arbeitnehmer dadurch nicht mehr belastet wird.

Tip

Wichtig ist, daß private Tagegeldversicherungen aufgehoben werden können. Hierzu genügt ein kurzer Brief an die Versicherungsgesellschaften.

Kriegsopferversorgung

Anspruch auf Kriegsopferversorgung hat derjenige, der durch eine militärische oder militärähnliche Dienstverrichtung oder durch einen Unfall während der Ausübung des militärischen oder militärähnlichen Dienstes oder durch die diesem Dienst eigentümlichen Verhältnisse eine gesundheitliche Schädigung erlitten hat. Inwieweit wegen der gesundheitlichen und wirtschaftlichen Folgen Versorgung geleistet wird, ist im Gesetz über die Versorgung der Opfer des Krieges (BVG) geregelt.

Kündigung

→ *Versicherungen*, → *Mieterschutz*

Lebensversicherung

→ *Lebensversicherungsvertrag*, → *Fälligkeit von Lebensversicherungen*, → *Fondsgebundene Lebensversicherung*, → *Fortführung der Lebensversicherungen*, → *Direktversicherung*

Lebensversicherungsvertrag

Die Lebensversicherung ist das beliebteste Geschäft der Versicherungsgesellschaften, da hier das meiste Geld verdient wird. Um so mehr ist es verwunderlich, daß 95 % aller Lebensversicherungsverträge falsch ausgefüllt werden. Dies beruht darauf, daß sich die einzelnen Vermittler nicht genug mit steuerlichen Fragen befassen.

Dieser Fehler kann jedoch nachträglich korrigiert werden.

Bei einem Lebensversicherungsvertrag geht es immer um **drei Personen**:

1. den **sog. Antragsteller** bzw. den Versicherungsnehmer. Dieser ist der Vertragspartner gegenüber der Versicherungsgesellschaft;
2. die **versicherte Person**. Das ist die Person, deren Leben bei der Versicherung versichert wird;
3. die **Bezugsperson im Todesfall**. Das ist diejenige, die das Geld erhält, wenn die versicherte Person den Vertragsablauf nicht erlebt.

Bei 95 % der Lebensversicherungsverträge ist der Versicherungsnehmer identisch mit der versicherten Person und bezugsberechtigt ist meist der Ehegatte bzw. die Ehegattin.
In der Praxis läuft es also so, daß der Ehemann einen Versicherungsvertrag abschließt, sich selbst als versicherte Person einsetzt und als Bezugsperson seine Ehefrau. Sollte nun der Ehegatte versterben, so erhält die Ehefrau von der Versicherungsgesellschaft die vereinbarte Versicherungssumme. Dadurch, daß der Versicherungsnehmer nicht mit der bezugsberechtigten Person identisch ist, ist diese Versicherungsleistung erbschaftssteuerpflichtig. Somit kann es also vorkommen, trotz großer Freibeträge, daß die Ehefrau von der Versicherungssumme noch → *Erbschaftssteuer* bezahlen muß.

Dies kann ganz einfach vermieden werden, indem nicht der Ehemann als Versicherungsnehmer eingesetzt wird, sondern die Ehefrau. D. h., die Ehefrau wird Versicherungsnehmer und bezugsberechtigte Person, und der Mann wird „nur“ versicherte Person. Wenn man diese Vertragsgestaltung wählt, ist die Versicherungsleistung nicht erbschaftssteuerpflichtig.

Tip

Sollte man nun einen alten Vertrag bei sich finden, bei dem dies nicht vereinbart ist, so kann durch eine Erklärung von beiden Ehegatten gegenüber der Versicherungsgesellschaft diese Vertragsgestaltung im nachhinein geändert werden, so daß also die Ehefrau anstatt des Ehemannes als Vertragspartner bzw. als Versicherungsnehmer eingesetzt wird. Auch hier ist nur ein ganz kurzes Schreiben an die Versicherungsgesellschaft notwendig, damit dies in der Versicherungspolice geändert werden kann.

Mieterschutz

Wer als Mieter seine Miete immer pünktlich zahlt und sich keine Verstöße gegen die Hausordnung zuschulden kommen läßt, ist so gut wie unkündbar. Eine Ausnahme ergibt sich allenfalls, wenn der Vermieter glaubhaft **Eigenbedarf** für sich oder seine Familie geltend macht und mit einer entsprechend stichhaltigen Begründung kündigt. Doch auch in diesem Fall ist der Mieter nicht schutzlos. Er kann dem Vermieter nach Zugang der Kündigung, jedenfalls spätestens 2 Monate vor Beendigung des Mietverhältnisses, schriftlich widersprechen und vom Vermieter die Fortsetzung des Mietverhältnisses verlangen.
In dem Widerspruchsschreiben muß dargelegt werden, daß die Beendigung des Mietverhältnisses für den Mieter und seine Familie eine – auch unter Berücksichtigung der berechtigten Interessen des Vermieters – nicht zu rechtfertigende Härte bedeuten würde. Eine solche Härte kann auch darin liegen, daß angemessener Ersatzwohnraum zu zumutbaren Bedingungen nicht beschafft werden kann.
Bei der Frage, ob eine „nicht zu rechtfertigende Härte" vorliegt, kommt es auch darauf an, wie lange das Mietverhältnis schon besteht und welche persönlichen Umstände beim Mieter gegeben sind, insbesondere auch wie alt der Mieter ist. Je länger das Mietverhältnis besteht und je älter der Mieter ist, umso mehr würde es für ihn eine nicht zu rechtfertigende Härte bedeuten, wenn er nun ausziehen müßte.

Täuscht der Vermieter den Eigenbedarf nur vor, um die Wohnung räumen zu können, oder unterläßt er es, den nachträglichen Wegfall des Eigenbedarfs dem Mieter unverzüglich mitzuteilen, setzt er sich dem Vorwurf des strafbaren Prozeßbetrugs und einem Schadensersatzanspruch seitens des Mieters (Umzugskosten, Mehrkosten der Ersatzwohnung, etc.) aus.

Miterben

Die Miterben bilden eine Erbengemeinschaft. Die Verwaltung des Nachlasses erfolgt **gemeinsam**. Alle zur Erhaltung des Nachlasses notwendigen Maßnahmen kann jeder einzelne treffen, im übrigen jedoch müssen die Miterben zusammenwirken. Über einzelne Nachlaßgegenstände kann der einzelne Miterbe nicht verfügen, über seinen ganzen Anteil am Nachlaß jedoch durch notariellen Vertrag. Er scheidet dann aus der Erbengemeinschaft aus. Verkauft der Miterbe seinen Anteil an einen Dritten, so sind die übrigen Miterben zum Vorkauf berechtigt. Die Frist für die Ausübung des Vorkaufsrechts beträgt zwei Monate.

Befindet sich ein Unternehmen im Nachlaß, sollten die Miterben innerhalb von sechs Monaten klarstellen, wer von ihnen das Unternehmen fortführt. Die Erbengemeinschaft wird sonst steuerlich als Gesellschaft behandelt mit der Folge, daß die spätere → *Erbauseinandersetzung* die Veräußerung bzw. die Entnahme von Betriebsvermögen bedeutet. Dadurch können erhebliche Belastungen durch Einkommensteuer und Gewerbesteuer entstehen.

Miterben haften für Nachlaßverbindlichkeiten als Gesamtschuldner, d. h. jeder schuldet den vollen Betrag an den Gläubiger. Intern kann ein Miterbe von den anderen Miterben einen Ausgleich verlangen (→ *Erbenhaftung*).

Durch ein neues Urteil des Bundesfinanzhofs ist nun geklärt, daß der Erwerb von Wirtschaftsgütern im Wege der Erbauseinandersetzung kein Erwerb duch Erbfolge, sondern vielmehr durch rechtsgeschäftlichen Erwerb ist. Abfindungszahlungen eines Erben an die Miterben und Aufwendungen zum Erwerb eines Erbteils sind daher einkommensteuerlich Anschaffungskosten, auch dann, wenn die Mittel für diesen Erwerb aus der Erbschaft stammen. Von der Grunderwerbsteuer ist der Erwerb eines zum Nachlaß gehörigen Grundstücks befreit, wenn dies durch Miterben zur Teilung des Nachlasses geschieht.

Nacherbe

→ *Vorerbe*

Nachlaßpflegschaft

→ *Pflegschaft*

Nachlaßverbindlichkeiten

→ *Erbenhaftung*

Neue Bundesländer

Auf Grund des Einigungsvertrages gilt grundsätzlich das gesamte Bundesrecht auch in den fünf neuen Bundesländern, soweit nicht in diesem Vertrag selbst, insbesondere in dessen Anlage I, etwas anderes geregelt ist. Die unterschiedlichen Eigentumsformen, insbesondere „sozialistisches Eigentum" der ehemaligen DDR, wurden nicht übernommen. Vielmehr gilt das Eigentumsrecht des BGB. Ehegatten, die vor dem 3.10.1990 ihren Wohnsitz in den fünf neuen Bundesländern hatten, leben jetzt im gesetzlichen → *Güterstand der Zugewinngemeinschaft.* Grundsätzlich gilt auch ein einheitliches Erbrecht. Dennoch kann es bei Rechtsvorgängen, die mit den fünf neuen Bundesländern Berührung haben, Abweichungen geben. Bei den einzelnen Stichworten ist auf wichtige Abweichungen hingewiesen.

Viele Versicherungsgesellschaften bieten in den neuen Bundesländern Sondertarife an, z. B. die Kfz-Versicherungen, die in der Regel günstiger sind als in West-Deutschland. Dies hat jedoch nur einen Grund, nämlich daß die Versicherungsgesellschaften durch niedrigere Prämien Marktanteile gewinnen möchten.

Tip

Auf jeden Fall sollten solche „Billigtarife" genutzt werden. Wird nach einiger Zeit die Prämie erhöht, sollte erneut ein Vergleich mit anderen Gesellschaften durchgeführt werden.
Oft ist es jedoch so, daß auch ein angeblicher Billigtarif von einer teuren Gesellschaft höher ist, als von einer günstigen Gesellschaft in West-Deutschland.

Nichteheliche Kinder

Auch sie sind Abkömmlinge und damit grundsätzlich gesetzliche → *Erben* erster Ordnung. Das gilt auch im Verhältnis zum Kindesvater und dessen

Verwandten. Auch das nichteheliche Kind schließt die Verwandten zweiter Ordnung von der → *gesetzlichen Erbfolge* aus, also auch die Eltern des Vaters. Folglich kann auch der Vater sein nichteheliches Kind beerben.
Wenn das nichteheliche Kind allerdings mit ehelichen Abkömmlingen oder mit der Ehefrau seines Vaters in einer Erbengemeinschaft zusammentrifft, erhält es statt eines Erbteils nach seinem Vater nur einen **Erbersatzanspruch**. Das nichteheliche Kind hat dann keinen Anteil am Nachlaß, sondern nur einen Geldanspruch gegen den Nachlaß. Die Höhe dieses Anspruchs entspricht dem Wert des Erbteils, der dem nichtehelichen Kind als → *Miterbe* zustünde.
Zwischen dem 21. und 27. Lebensjahr kann das nichteheliche Kind von seinem Vater einen **vorzeitigen Erbausgleich** in Geld verlangen, und zwar in Höhe des dreifachen Jahresunterhalts, berechnet nach dem Durchschnitt der letzten fünf Jahre. Der Anspruch verjährt am 30. Geburtstag des Kindes. Der Erbausgleich muß notariell oder durch Urteil erfolgen, dann besteht zwischen Kind und Vater wechselseitig kein Erbrecht mehr.
Für nichteheliche Kinder, die vor dem 3.10.1990 in einem der neuen Bundesländer geboren sind, gelten die beim ehelichen Kind maßgeblichen BGB-Erbrechtsvorschriften (→ *gesetzliche Erbfolge*).

Nichteheliche Lebensgemeinschaft

Die Partner einer solchen Lebensgemeinschaft versuchen immer wieder, rechtlich Ehepaaren gleichgestellt zu werden. Die Rechtsprechung wehrt sich bisher dagegen, hat jedoch in mancher Hinsicht schon nachgegeben.

Einige Beispiele aus der Rechtsprechung:
- Partner einer nichtehelichen Lebensgemeinschaft können kein gemeinschaftliches Testament (→ *Ehegattentestament*) errichten.
- Partner von nichtehelichen Lebensgemeinschaften werden im Erbschaftssteuerrecht Ehegatten nicht gleichgestellt (→ *Erbschaftssteuersätze*).
- Unterhaltsleistungen im Rahmen einer nichtehelichen Lebensgemeinschaft können als → *außergewöhnliche Belastungen* abzugsfähig sein, wenn sich der unterhaltsleistende Partner auf Grund besonderer Umstände dieser sittlichen Verpflichtung nicht entziehen kann (z. B. der andere Partner hat seine Erwerbstätigkeit wegen Betreuung des gemeinsamen Kindes aufgegeben).

Tip

Bei Eingehung einer nichtehelichen Lebensgemeinschaft sollte besonders gründlich die eventuelle spätere vermögensmäßige Auseinandersetzung bedacht werden. Diese sollte entsprechend einer Gesellschaft bürgerlichen Rechts, mit der eine nichteheliche Lebensgemeinschaft dann häufig verglichen wird, geregelt sein. Insbesondere muß vereinbart werden, wie die Investitionen eines Partners in das Grundstück des anderen Partners ausgeglichen und abgesichert werden. Sonst kann es später sehr unangenehme Überraschungen geben. Ebenso sollte bedacht werden, daß der Lebensgefährte nach dem Gesetz nicht erbberechtigt ist. Er kann nur durch → *Testament* Erbe werden. Der Lebenspartner ist für sich auch nicht unterhaltsberechtigt, selbst wenn ein eigenes Kind da ist; dann steht lediglich dem Kind ein Unterhaltsanspruch zu.

Öltank-Haftpflichtversicherung

Jeder, der einen Öltank besitzt bzw. unterhält, sollte sich überlegen, ob er nicht eine Öltank- oder Gewässerschadens-→ *Haftpflichtversicherung* abschließt. Denn durch das mögliche Auslaufen von Heizöl kann eine Gefährdung von Grundwasser oder sonstigen Gewässern eintreten. Grundsätzlich ist eine solche Öltank-Haftpflichtversicherung sehr empfehlenswert.

Auch hier sollte die Versicherungssumme 1 Million DM pauschal für Personen- und Sachschäden betragen.

Günstige Beiträge einer solchen Versicherung bietet z. B. u. a. der Haftpflichtverband der Deutschen Industrie, Postfach 51 03 69, 3000 Hannover 51, Tel.-Nr. 05 11-64 51 an.

Tip

Auch hier gilt wieder: Man sollte auf jeden Fall nur einen Einjahresvertrag, der sich von Jahr zu Jahr verlängert, abschließen.

Leider gibt es für Jung- bzw. Senioren noch keine besonderen Tarife.

Pfändungsschutz

Wer seine Schulden nicht bezahlt, muß damit rechnen, daß der Gläubiger vollstreckt. Der Pfändungsschutz ist eine Form des Vollstreckungsschutzes.

Das Arbeitseinkommen eines Alleinstehenden ist unpfändbar bis monatlich 759,99 DM, bei einem Verheirateten bis 1.099,99 DM und bei einem Verheirateten mit 2 Kindern bis 1.579,99 DM. Diese Zahlen sind beispielhaft aus der umfangreichen Tabelle zur Zivilprozeßordnung betreffend pfändbare Beträge bei Unterhaltspflicht entnommen.

Bewegliche Sachen sind unpfändbar, wenn sie persönliche Habe des Schuldners darstellen. Die Pfändungspraxis durch die Gerichtsvollzieher ist insoweit sehr nachsichtig.

Pflegeaufwendungen

→ *Außergewöhnliche Belastungen*

Pflegeheim

→ *Heimgesetz*, → *Pflegeheim-Checkliste*, → *Sozialhilfe*, → *s. Abschn. 3.1*

Pflegeheim-Checkliste

Die Punkte 1-7 sollten geprüft werden, bevor man sich für ein Pflegeheim entscheidet:

1. Wieviele Pflegebedürftige werden von einer Pflegekraft versorgt (sog. Personalschlüssel)? ☐

2. Gibt es im Pflegeheim auch rehabilitative Angebote (Orientierungstraining, Krankengymnastik etc.)? ☐

3. In welche Pflegekategorien wird der Pflegebedürftige vom Arzt eingestuft? Welchen Einfluß hat dies auf die Betreuung im Heim? ☐
   Bis zu welcher Pflegestufe darf der Pflegebedürftige noch am Heimleben teilnehmen? ☐

4. Wie viele ausgebildete Kräfte stehen einerseits für medizinische Betreuung, andererseits für die normale Pflege zur Verfügung? ☐
   Müssen angelernte Kräfte Pflegeaufgaben bzw. müssen Pfleger medizinische Aufgaben übernehmen? ☐

5. Gibt es im Pflegeheim Hobby-, Veranstaltungs- und Gemeinschaftsräume? Gibt es zusätzlich sinnvolle Programme zur Nutzung dieser Räume? ☐

6. Riecht es im Pflegeheim deutlich nach Urin (Anzeichen für schlechte Pflege)? ☐

7. Wie ist die „Pflege-Ideologie“ des Hauses? Ist das Personal gesprächsbereit, freundlich, geduldig, offen oder abweisend, muffig, autoritär, herablassend? ☐

Pflegepauschbetrag

Dieser Pauschbetrag wird wegen der →*Außergewöhnlichen Belastungen* gewährt, die durch die Pflege einer Person erwachsen. Voraussetzung ist,

daß die Person nicht nur vorübergehend so hilflos ist, daß sie für die gewöhnlichen und regelmäßig wiederkehrenden Verrichtungen im Ablauf des täglichen Lebens in erheblichem Umfang fremder Hilfe dauernd bedarf. Der Pauschbetrag beträgt 1.800 DM im Kalenderjahr und wird anstelle der Steuerermäßigung für außergewöhnliche Belastungen in normalen Fällen gewährt.
Weitere Voraussetzung ist, daß der Steuerpflichtige die Pflege im Inland entweder in seiner oder in der Wohnung des Pflegebedürftigen persönlich durchführt. Der Nachweis der Hilflosigkeit der gepflegten Person ist in der gleichen Weise zu führen wie für den erhöhten → *Behindertenpauschbetrag*.

Pflegeversicherung

Die Pflegekosten sind in den letzten Jahren stark angestiegen. Seit langem wird über eine gesetzliche Pflegeversicherung diskutiert, die jedoch aus Kostengründen z. Z. noch abgelehnt wird.

Die **gesetzlichen Krankenkassen** zahlen in Deutschland, wenn Schwer- oder Schwerstpflegebedürftige zu Hause gepflegt werden, seit dem 1. Januar 1990 einen Zuschlag bis zu 1.800 DM pro Jahr und von 1991 an sogar bis zu 750 DM monatlich an Sachleistungen oder ein **Pflegegeld** von 500 DM monatlich. Dies kann zwar nicht zu einer kompletten Entlastung der Familienangehörigen führen, es ist jedoch der erste Schritt dazu.

Die privaten Krankenversicherer und die privaten Lebensversicherer bieten Versicherungsschutz in drei Varianten an:

Pflegetagegeldversicherung

Wird ein Tagegeld von mindestens 10 bzw. höchstens 150 DM versichert, so ergibt sich monatlich ein Höchstbetrag von 4.500 DM. Das Pflegetagegeld hat trotz vergleichsweise günstigerer Prämien zur Pflegekostenversicherung den Nachteil, daß die Versicherungsleistungen nicht den Kostensteigerungen im Pflegebereich angepaßt werden.

Pflegerentenversicherung

Lebensversicherer bieten Schutz über eine Pflegerentenversicherung an, die der Höhe nach grundsätzlich selbst bestimmt werden kann und beim Eintritt des Pflegefalles fällig wird. Tritt der Pflegefall nicht ein, bekommt die versicherte Person auf jeden Fall die vereinbarte Rente, wenn sie das 85. Lebensjahr (oder auch 80. Lebensjahr) vollendet hat. Stirbt die versicherte Person, erhalten die Erben eine Todesfall-Leistung ausbezahlt. Diese Todesfall-Leistung beläuft sich auf 24 bis 36 Monatsrenten. Geleistete Rentenzahlungen werden jedoch unabhängig davon, ob aus Altersgründen oder wegen eines Pflegefalles, auf die Todesfall-Leistung angerechnet.

Aufgrund dessen, daß in jedem Fall eine Versicherungsleistung erbracht werden muß, egal, ob der Pflegefall eintritt, ist die Pflegerentenversicherung die teuerste Pflegeversicherung.

Pflegekostenversicherung

Einige private Krankenversicherungen bieten statt Zahlung eines bestimmten Pflegetagegeldes die Erstattung der tatsächlich anfallenden Pflegekosten an.

Die Pflegekostenversicherung ersetzt die Kosten

- bei ambulanter Pflege durch ausgebildete Krankenpfleger, Schwestern oder Altenpfleger und kommt auch für bestimmte Hilfsmittel auf;
- bei teilstationärer Pflege in Tagepflegeheimen oder in einer Nachtklinik;
- bei stationärer Pflege in einem konzessionierten oder öffentlichen Pflegeheim und den Transport dorthin.

Bei der Pflegekostenversicherung ist außerdem zu beachten, daß Kosten für Unterkunft und Verpflegung in keinem Fall bezahlt werden. Auch die Erstattung der Pflegekosten ist prozentual beschränkt. Hier ist nur die höchstmögliche Erstattung von bis zu 80 % der Pflegekosten möglich. Außerdem sind die Leistungen auf höchstens 60.000 DM pro Kalenderjahr begrenzt.

Die Pflegekostenversicherung ist jedoch von den angebotenen drei Alternativen die günstigste. Sie nimmt nämlich im Gegensatz zur Pflegetagegeldversicherung bei teilweise bestehender Pflegebedürftigkeit keine

Leistungsabschläge vor. Auch die Höchstversicherungssummen von 60.000 DM im Jahr sind grundsätzlich ausreichend bemessen. Außerdem bietet sie für die versicherte Person die Möglichkeit, weiter in der eigenen Wohnung zu leben.

Zu beachten ist jedoch, daß bei Eintreten des Pflegefalles die Beiträge für die Pflegekostenversicherung wie auch für die Pflegetagegeldversicherung weitergezahlt werden müssen.

Eine günstige Pflegekostenversicherung bietet z. B. zur Zeit u. a. die Gothaer Krankenversicherung, Kaiser-Wilhelm-Ring 23-25, 5000 Köln 1, Tel.-Nr. 02 21-57 46 00, an.

Pflegschaft

Das Vormundschaftsgericht ordnet in bestimmten Fällen der erforderlichen Fürsorge eine Pflegschaft an:

1. Wer unter elterlicher Sorge oder unter → *Vormundschaft* steht, erhält für Angelegenheiten, an deren Besorgung die Eltern oder der Vormund verhindert sind, einen Ergänzungspfleger.

2. Ein Volljähriger, der nicht unter Vormundschaft steht, kann einen Gebrechlichkeitspfleger für seine Person und sein Vermögen erhalten, wenn er infolge körperlicher Gebrechen, insbesondere, wenn er taub, blind oder stumm ist, seine Angelegenheiten nicht zu besorgen vermag.

3. Ein abwesender Volljähriger, dessen Aufenthalt unbekannt ist, erhält für seine Vermögensangelegenheiten, soweit sie der Fürsorge bedürfen, einen Abwesenheitspfleger.

4. Bis zur Annahme der Erbschaft hat das Nachlaßgericht für die Sicherung des Nachlasses zu sorgen, soweit ein Bedürfnis besteht. Zu diesem Zweck kann es insbesondere für den, der Erbe wird, einen Nachlaßpfleger bestellen.
   Zum neuesten Stand → *Betreuungsgesetz.*

Pflichtteil

Der überlebende Ehegatte und die Abkömmlinge des Erblassers sind **pflichtteilsberechtigt**. Sie erben also auch dann, wenn sie durch → *Testament* von der Erbfolge ausgeschlossen sind. Den Eltern steht neben dem Ehegatten ein Pflichtteilsrecht zu, wenn keine vorrangigen Abkömmlinge vorhanden sind (→ *gesetzliche Erbfolge*).

Der Pflichtteilsanspruch besteht nicht in einem Anteil am Nachlaß, sondern vielmehr in einem Anspruch auf Geldzahlung aus dem Nachlaß. Er beträgt die Hälfte des Wertes des gesetzlichen Erbteils, wie ihn der Pflichtteilsberechtigte nach der gesetzlichen Erbfolge erhalten hätte (→ *Ehegattenerbrecht*).

Wird ein Pflichtteilsberechtigter durch Testament als Erbe eingesetzt, ist sein Erbteil aber geringer als die Hälfte des gesetzlichen Erbteils, so kann er von den übrigen → *Miterben* als Pflichtteil den Wert des an der Hälfte fehlenden Teiles verlangen. Der Pflichtteilsanspruch verjährt in drei Jahren ab Kenntnis des Erbfalls.

Die Entziehung des Erbrechts ist uneingeschränkt zulässig, des Pflichtteils nur in bestimmten Fällen. Einem Abkömmling kann der Erblasser den Pflichtteil nur entziehen,

1. wenn der Abkömmling dem Erblasser, dem Ehegatten oder einem anderen Abkömmling des Erblassers nach dem Leben trachtet,

2. wenn der Abkömmling sich einer vorsätzlichen körperlichen Mißhandlung des Erblassers oder des Ehegatten des Erblassers schuldig macht, im Fall der Mißhandlung des Ehegatten jedoch nur, wenn der Abkömmling von ihm abstammt,

3. wenn der Abkömmling sich eines Verbrechens oder eines schweren vorsätzlichen Vergehens gegen den Erblasser oder den Ehegatten schuldig macht,

4. wenn der Abkömmling die ihm dem Erblasser gegenüber gesetzlich obliegende Unterhaltspflicht böswillig verletzt,

5. wenn der Abkömmling einen ehrlosen oder unsittlichen Lebenswandel wider den Willen des Erblassers führt.

Seinen Eltern kann der Erblasser den Pflichtteil unter den Voraussetzungen der vorgenannten Nummern 1, 3 oder 4 entziehen.
Seinem Ehegatten kann der Erblasser den Pflichtteil entziehen,

1. wenn der Ehegatte dem Erblasser oder einem Abkömmling des Erblassers nach dem Leben trachtet,

2. wenn der Ehegatte sich einer vorsätzlichen körperlichen Mißhandlung des Erblassers schuldig macht,

3. wenn der Ehegatte sich eines Verbrechens oder eines schweren vorsätzlichen Vergehens gegen den Erblasser schuldig macht,

4. wenn der Ehegatte die ihm dem Erblasser gegenüber gesetzlich obliegende Unterhaltspflicht böswillig verletzt.

Zur deutsch-deutschen Rechtsproblematik → *gesetzliche Erbfolge.*

Prämiendepot

Vielen ist das sog. Prämiendepot noch unbekannt. Dabei ist das gerade für Leute interessant, die eine hohe Steuerprogression haben und darauf achten müssen, wie sich die Rendite nach Steuern darstellt.

Das Prämiendepot funktioniert wie folgt: Der Gesetzgeber hat festgelegt, daß die Gewinnanteile aus einer → *Lebensversicherung*, bei der die Laufzeit mindestens 12 Jahre beträgt, einkommensteuerfrei sind. Neben der Laufzeit darf aber auch die Beitragszahlungsdauer nicht unter fünf Jahren betragen.
Der Kunde, der also einen größeren Geldbetrag zur Verfügung hat, zahlt bei einer Versicherungsgesellschaft auf ein Depot seinen Geldbetrag ein. Dieses Depot hat mit einer Spekulation nichts zu tun. Das Geld des Kunden wird hier für einen bestimmten Zinssatz fest angelegt. Gleichzeitig schließt der Kunde eine Lebensversicherung bei der Versicherungsgesellschaft ab. Diese Lebensversicherung hat meist die Laufzeit von 12 Jahren, und die Beitragszahlungsdauer beträgt 5 Jahre. Die Lebensversicherungssumme wird so errechnet, daß der Geldbetrag aus dem Depot zuzüglich Zinsen für die fünf Jahresbeiträge ausreicht, so daß der Kunde außer dem einmaligen Geldbetrag in das Depot nichts hinzuzahlen muß. Nach fünf Jahren ruht

also die Lebensversicherung noch sieben Jahre, und danach bekommt der Kunde am Ende der Laufzeit die Versicherungssumme plus die Gewinnanteile ausgezahlt.

Wie schon gesagt, der Kunde muß hier die Gewinnanteile aus der Lebensversicherung nicht versteuern, sondern nur die Zinsen, die während der fünf Jahre aus dem Prämiendepot anfallen.

Folgende Punkte müssen jedoch beim Abschluß eines solchen Prämiendepots beachtet werden.

1. Da die Verzinsung eines solchen Prämiendepots bei den einzelnen Versicherungsgesellschaften sehr unterschiedlich ist, sollte man einen möglichst hohen Zinssatz wählen. Z. Z. kann man Zinsen in Höhe von 8 % bei den einzelnen Versicherungsgesellschaften erhalten.

2. Dieser Zinssatz kann sich im Prämiendepot bei einigen Versicherungsgesellschaften während der Laufzeit ändern, z. B. wenn das Zinsniveau sinkt. Deshalb muß der Zinssatz für die nächsten fünf Jahre absolut fest sein, damit man keine zusätzlichen Geldleistungen erbringen muß.

3. Man sollte auf jeden Fall ein Prämiendepot wählen, das nach fünf Jahren aufgelöst wird. Es werden auch Prämiendepots angeboten, die eine Beitragszahlungsdauer von zwölf Jahren haben. Dies ist nicht sinnvoll, da die Zinsen aus dem Prämiendepot versteuert werden müssen.

4. Wichtig ist selbstverständlich, daß man bezüglich des Lebensversicherungsunternehmens auch ein Unternehmen auswählt, das hohe Überschüsse bei der Lebensversicherung hat.

5. Als Prämiendepot sollte man auf keinen Fall irgend einen Investmentfonds akzeptieren, da hier Kursschwankungen möglich sind, die man auf fünf Jahre nicht berechnen kann.

Bei Interesse an einem solchen Prämiendepot sollte man z. B. u. a. folgende Versicherung anschreiben:

- Neue Lebensversicherung von 1964, Postfach 10 47 07, 2000 Hamburg 1, Tel.-Nr. 0 40-32 81 50.

Private Altersversorgung

Viele Jungsenioren stellen gerade im 5. Lebensjahrzehnt fest, daß die Ansprüche aus der gesetzlichen Rentenversicherung nicht ausreichen. Hier stellt sich oft die Frage, inwieweit diese „Rentenlücke" geschlossen werden kann.

Bevor nun darauf eingegangen wird, welche Alternativen sich dafür anbieten, sollte nochmals klargestellt werden, wie sich die gesamte Altersvorsorge zusammensetzen kann bzw. sollte.

Öfter liest man in Fachzeitschriften, daß die gesamte Altersrente aus dem sog. Drei-Säulen-Prinzip besteht:

1. Gesetzliche Rentenversicherung

2. Betriebliche Rente

3. Private Altersvorsorge

Durch dieses Drei-Säulen-System soll der Sparer zum eigenen Ansparen seiner privaten Rente gebracht werden. Dabei wird vergessen, daß die gesamte Altersrente eigentlich nicht aus dem Drei-Säulen-Prinzip besteht, sondern aus dem Vier-Säulen-Prinzip, d.h. man sollte während seiner Arbeitszeit bemüht sein, durch den Erwerb von Wohneigentum ein viertes Standbein aufzubauen. Dieser Punkt, nämlich das mietfreie Wohnen im Alter, sollte bei der gesamten Belastung im Rentenalter nicht unterschätzt werden.

Kann man dieses Ziel nicht erreichen, dann muß man sich auf die private Altersvorsorge konzentrieren.

Im folgenden werden nun die **verschiedenen Möglichkeiten der privaten Altersversorgung** aufgeführt:

Kapitallebensversicherung

In den Medien wird immer wieder dargelegt, daß die Kapitallebensversicherung die beste Möglichkeit ist, um eine private Altersversorgung aufzubauen.

Grundsätzlich ist die private Altersversorgung kein Versicherungs-, sondern ein Anlageproblem. Die Kapitallebensversicherung besteht eigentlich aus zwei Verträgen, nämlich einem Risikovertrag und einem Ansparvertrag. Hier werden durch die Kapitallebensversicherung zwei Verträge miteinander gekoppelt, obwohl diese nichts miteinander zu tun haben.
Je älter man ist, desto höhere Beiträge bezahlt man bei einer Kapitallebensversicherung, da das Risiko des Ablebens immer größer wird. Je höher die Beiträge für diese darin eingeschlossene Risikoversicherung sind, desto weniger Auszahlung erhält man im Erlebensfall, d. h. je älter man ist, desto weniger lohnt sich eine Kapitallebensversicherung.

Tip

Eine Kapitallebensversicherung lohnt sich nie, wenn man überhaupt keine Hinterbliebenen versorgen muß. Eine Versicherung, die man nicht benötigt, ist nicht sinnvoll.

Gerade für Jungsenioren, bei denen die Kinder schon aus dem Hause sind bzw. die eventuell schon Lebensversicherungen haben, ist zur zusätzlichen Altersversorgung eine Kapitallebensversicherung aus den genannten Gründen nicht sinnvoll.

Wenn man sich für eine Kapitallebensversicherung interessiert, hier eine Auswahl von Gesellschaften, die in der Vergangenheit u. a. gute Überschüsse erwirtschaftet haben:

- Neue Leben von 1964, Postfach 10 47 07, 2000 Hamburg 1, Tel.-Nr. 0 40-32 81 50
- Provinzial der Rheinprovinz, Postfach 11 45, 4000 Düsseldorf 1, Tel.-Nr. 02 11-87 60
- Westfälische Provinzial, Postfach 59 60, 4400 Münster, Tel.-Nr. 02 51-21 90
- Provinzial Kiel, Postfach 11 43, 2300 Kiel 1, Tel.-Nr. 04 31-603-0

Senioren-Lebensversicherung

Am Markt werden z. Z. für Jungsenioren bzw. Senioren besondere Lebensversicherungstarife angeboten. Diese Lebensversicherungstarife kann man in zwei Gruppen unterteilen.

- **Kapitallebensversicherungen**, die speziell für 50 bis 70jährige angeboten weden. Hierbei handelt es sich um eine normale Kapitallebensversicherung, die keine Gesundheitsprüfung erfordert. Jedoch enthält der Vertrag eine sog. Aufbauzeit von 3 Jahren, d. h., beim Todesfall innerhalb dieser Aufbauzeit werden alle bis dahin eingezahlten Beiträge im Falle des Ablebens an die Angehörigen ausgezahlt. Nur bei Tod durch Unfall entfällt diese Aufbauzeit, und die Angehörigen bekommen die volle Versicherungssumme ausgezahlt. Diese Tarife werden z. Z.– soweit bekannt – z. B. u. a. von

  1. Quelle-Versicherung, Postfach 3000, 8510 Fürth, Tel.-Nr. 01 30-75 57 (Nulltarif),
  2. Alico, Oberlindau 76-78, 6000 Frankfurt 1, Tel.-Nr. 069-7 15 21,
  3. Grundeigentümer-Versicherung, Paulstr. 10, 2000 Hamburg 1, Tel.-Nr. 0 40-3 00 50 30

  angeboten.
- Es gibt auch Kapitallebensversicherungen, die in den ersten Jahren eine verminderte Todesfall-Leistung bieten, meistens 10 % der Erlebensversicherungssumme. Diese Todesfallversicherungssumme baut sich erst mit den Jahren auf. Durch diese Konstruktion erreicht man, daß die Erlebenfallrendite wesentlich höher ist als die normale Kapitallebensversicherung. Diese Versicherungart wird z. B. u. a. von folgenden Versicherungsgesellschaften angeboten:

  - Cosmos, Beethovenstr. 1, 6600 Saarbrücken, Tel.-Nr. 06 81-3 09 72 22
  - Equity & Law Lebensversicherung, Postfach 23 60, 6200 Wiesbaden, Tel.-Nr. 06 11-79 57 77
  - Nürnberger Versicherungen, Postfach 21 01 80, 8500 Nürnberg, Tel.-Nr. 09 11-53 10.

Tip

Ob diese beiden speziell für Senioren ausgearbeiteten Lebensversicherungen sinnvoll sind, muß jeder für sich selbst entscheiden. Grundsätzlich kann jedoch gesagt werden, daß für Senioren, denen es in erster Linie um die Aufbesserung ihrer privaten Altersversorgung geht und nicht so sehr um die Absicherung Angehöriger, diese speziellen Seniorentarife weniger sinnvoll sind, da hier auch durch den Aufwand der Risikoabsicherung im Todesfall wieder Beiträge verlorengehen.

Private Rentenversicherung

Die private Rentenversicherung wird von den Versicherungsgesellschaften sehr wenig angeboten. Sie führt neben der Kapitallebensversicherung eigentlich ein Schattendasein, obwohl sie geeigneter ist, um private Altersversorgung aufzubauen.

Die private Rentenversicherung ist so angelegt, daß der Versicherungsnehmer wie bei der Kapitallebensversicherung einen jährlichen oder monatlichen Beitrag bezahlt und dann am Ende der Laufzeit das Wahlrecht hat, eine monatliche Rente oder – wie bei der Kapitallebensversicherung – eine einmalige Kapitalauszahlung zu erhalten.

Vergleicht man die private Rentenversicherung mit der Kapitallebensversicherung, so bekommt man grundsätzlich aus der Rentenversicherung eine höhere Kapitalabfindung, da keine Beiträge für die Absicherung des vorzeitigen Todesfalles verlorengehen. Auch hierbei bedarf es für die Steuerfreiheit der Überschüsse einer Mindestlaufzeit von 12 Jahren. Verstirbt der Versicherungsnehmer vor Ablauf der Versicherung, so erhalten die Angehörigen die eingezahlten Beiträge plus Überschüsse ausgezahlt.

Es gibt auch Tarife, bei denen bei Ableben vor Rentenbeginn nichts ausgezahlt wird. Diese sind jedoch sehr selten und sollten absolut vermieden werden.

Von z. B. folgenden Versicherungsgesellschaften sollten u. a., wenn man sich für eine private Rentenversicherung entschieden hat, Angebote eingeholt werden:

- Bayerische Beamtenversicherung, Thomas-Dehler-Str. 25, 8000 München 83, Tel.-Nr. 0 89-6 78 70.
- Deutscher Ring Lebensversicherung, Postfach 11 20 33, 2000 Hamburg 11, Tel.-Nr. 0 40-3 59 90
- Münchener Verein, Postfach 20 06 28, 8000 München 2, Tel.-Nr. 0 89-5 15 20
- Nordstern Lebensversicherung, Postfach 10 13 68, 5000 Köln 1, Tel.-Nr. 02 21-14 80

Tip

Auf jeden Fall sollte man die Private Altersvorsorge nicht auf das Endalter 65 legen, sondern mindestens auf 60, oder sogar auf 55, damit man, wenn man früher in Rente geht, die Lebensversicherung oder den Rentenlauf nicht abbrechen muß, denn die meisten Gewinne bei einer Lebensversicherung bzw. Rentenversicherung werden in den letzten Jahren gemacht.

Investmentfonds

Die private Altersvorsorge kann auch mit einem Aufbaukonto bei einer Investmentgesellschaft ergänzt werden. Dieses Aufbaukonto sollte direkt bei der Investmentgesellschaft geführt werden. Durch diese direkte Kontoführung bei der Kapitalanlagegesellschaft erreicht man folgende Vorteile:

- Grundsätzlich entstehen durch direkte Führung keine Depotkosten. Dieses Konto wird kostenlos geführt. Nur einige Investmentgesellschaften verlangen eine Pauschale von 10 DM pro Jahr.
- Alle Ausschüttungen werden bei einem direkten Konto netto wieder angelegt, d. h., hier berechnen die Investmentgesellschaften keinen Ausgabeaufschlag. Hat man jedoch die Investmentanteile bei einer Bank deponiert, so bekommt man von der Bank, da diese selbst Vermittler an die Investmentgesellschaft ist, nur einen Wiederanlagerabatt, d.h. bei einem Ausgabeaufschlag von 3 % gewährt die Bank einen Wiederanlage-Rabatt eventuell in Höhe von 1 bis 2 %. Der Kunde muß jedoch immer noch mindestens 1 % Ausgabeaufschlag bezahlen. Dies würde bei einer Investmentgesellschaft entfallen.

Gerade ein Investmentkonto hat den Vorteil, daß es sehr flexibel gehandhabt werden kann. Im Gegensatz zur Lebensversicherung bzw. zur Rentenversicherung kann hier jederzeit ohne größere Verluste das Investmentkonto aufgelöst werden. Allerdings muß man die Zinserträge bzw. Ausschüttungen bei Investmentkonten versteuern.

Tip

Weitere Informationen über Wertentwicklung von Renten- und Aktienfonds: BVI Bundesverband Deutscher Investmentgesellschaften e. V., Postfach 10 04 37, 6000 Frankfurt 1, Tel. 069-15 40 90-0.

Welche Anlageform wählt man am besten, um die private Altersvorsorge zu ergänzen? Wenn es sich um eine Investition von mehreren hundert Mark pro Monat handelt, sollte man das sog. Dual-System wählen. Das Dual-System bedeutet, daß man, wenn man z. B. keinen Risikoschutz benötigt, eine Rentenversicherung wählt **und** einen Investmentfonds. Hier kann man die monatlichen Sparbeiträge je zur Hälfte aufteilen. Durch diese Kombination von zwei verschiedenen Anlagesystemen kombiniert man die Vor- und Nachteile beider Anlageformen. Es gibt keine Kapitalanlage, die nur Vorteile hat, sondern jede Kapitalanlage hat auch immer gewisse Nachteile.

Der Rententarif sollte während der Laufzeit im großen und ganzen nicht geändert werden. Eine Kündigung einer privaten Rentenversicherung kann sehr nachteilig sein. Gerade in den letzten Jahren werden von den Versicherungsgesellschaften die meisten Überschüsse ausgezahlt. Die Höhe des Beitrages zur privaten Rentenversicherung sollte so bemessen sein, daß man diesen auf jeden Fall die ganze Laufzeit durch bezahlen kann. Dafür hat der private Rententarif folgenden Vorteil: Die Gewinnanteile am Ende der Laufzeit sind einkommensteuerfrei, d.h. die Bruttorendite liegt je nach individuellem Steuersatz bei ca. 9 bis 12 %.

Bei dem Investmentfonds müssen die Erträge versteuert werden, jedoch kann hier, falls ein finanzieller Engpaß entsteht, jederzeit das Investmentrisiko gestoppt oder sogar aufgelöst werden. Aus diesen Gründen ist ein Investmentfonds neben dem Rententarif empfehlenswert, soweit dies finanziell möglich ist.

Private Krankenversicherung

Nach dem Gesundheitsreformgesetz gilt der Grundsatz „Einmal privatversichert, immer privatversichert“.

Gerade für Jungsenioren bzw. Senioren, die jahrelang privatversichert waren und denen jetzt, wenn das höhere Alter erreicht worden ist, die privaten Versicherungsgesellschaften die Beiträge drastisch erhöhen, d. h. Erhöhungen bis zu 20 % und mehr, wird die private Krankenversicherung zum Alptraum.

Zwar kann die Krankentagegeldversicherung im Rentenalter gekündigt werden, da diese nicht mehr notwendig ist, doch wird diese Beitragsersparnis durch weitere Erhöhungen aufgebraucht.

Weiter hat der Senior die Möglichkeit, wenn die Beitragslast zu hoch wird, Leistungskürzungen vorzunehmen. Jedoch ist dies nur in einem begrenzten Maße sinnvoll.

Im Moment bemühen sich die privaten Krankenversicherungsgesellschaften, ältere Versicherte zu entlasten. In Zukunft sollen die Verwaltungskosten altersunabhängig verteilt werden. Die Altersrückstellung soll erhöht werden. Außerdem sollen die Beitragsrückerstattungen für Jüngere reduziert werden. Man kann nur hoffen, daß diese Maßnahmen auch greifen.

Bei Abschluß einer privaten Krankenversicherung beachte man folgendes:

1. Auf keinen Fall sollte vorher die gesetzliche oder andere private Krankenversicherung gekündigt werden, bevor man nicht schriftlich die Aufnahmebestätigung von der neuen Krankenversicherung hat.

2. Es sollte vermieden werden, daß eine bestimmte Krankheit ausgeschlossen wird. Lieber sollte man einen höheren Beitrag zahlen.

3. Enthält die Krankenversicherung einen Risikozuschlag, sollte bei anderen Versicherungen ein Probeantrag gestellt werden, ob diese auch Zuschläge nehmen. Die Zuschläge der Versicherungsgesellschaften können sehr unterschiedlich sein.

Trotz dieses Grundsatzes „Einmal privatversichert, immer privatversichert“ gibt es noch einige Lücken, so daß doch eine Rückkehr in die → *gesetzliche Krankenversicherung* (-kasse) möglich ist.

Erste Lücke:
Arbeitnehmer, deren Verdienst über der Beitragsbemessungsgrenze liegt, das sind z. Z. 4.875 DM, können spätestens sechs Monate vor dem Termin, zu dem sie beabsichtigen, in Rente zu gehen, ihr Gehalt reduzieren. Durch diese Reduktion werden sie automatisch krankenversicherungspflichtig. Wenn dann die Rente erreicht ist bzw. wenn sie ihnen zugebilligt worden ist, können sie die gesetzliche Krankenversicherung freiwillig weiterführen.
Dies geht jedoch nur, wenn der Arbeitnehmer sich nicht von der Versicherungspflicht hat „befreien“ lassen, denn dann ist eine Rückkehr zu der gesetzlichen Krankenversicherung nicht mehr möglich.
Eine solche Befreiung wird auf Antrag ausgesprochen, wenn der Verdienst unter die Versicherungspflichtgrenze gesunken ist und der Arbeitnehmer seinen privaten Krankenversicherungsschutz aufrecht erhalten hat.

Zweite Lücke:
Der Arbeitnehmer hat auch die Möglichkeit, sechs Monate vor Beginn der Rente sein Arbeitsverhältnis aufzulösen und sich dann arbeitslos zu melden. Dieser Bezug des Arbeitslosengeldes begründet dann eine Pflichtversicherung in der gesetzlichen Krankenversicherung. Auch hier kann er sich dann nach Bezug der Rente freiwillig weiterversichern.

Dritte Lücke:
Wenn z. B. der Ehepartner einer gesetzlichen Krankenversicherung angehört, kann der andere Ehepartner, der privat versichert ist, sein Arbeitsverhältnis vor Rentenbezug aufgeben. Dadurch wird der Ehepartner bei der gesetzlichen Krankenversicherung kostenlos familienversichert. Er kann dann z. B. zwei Monate später wieder ein Einkommen von mehr als 480 DM pro Monat erzielen, so daß er sich dann selbst wieder freiwillig weiterversichern kann. Dies gilt unabhängig davon, wie lange die Mitversicherung in der Familie bestanden hat.

Tip

Man sollte diese Lücken nutzen, wenn sich die Möglichkeit ergibt, da die private Krankenversicherung eine große Kostenbelastung werden kann.

Prostata

Die Prostata ist die Vorsteherdrüse beim Mann. Im Alter kommt es häufig zu einer gutartigen Wucherung der Prostata, welche man Adenom (oder auch Hypertrophie) nennt. Infolge der Größenzunahme der Prostatadrüse kommt es anfänglich zum Abschwächen des Harnstrahls, zum häufigeren Wasserlassen (auch nachts) und zu einer verlängerten Dauer des ‣ *Wasserlassens*. Im Laufe der Zeit nehmen diese Symptome stetig zu.
Die Blase kann durch den Widerstand, den die Prostata bildet, nicht mehr vollständig entleert werden (= Restharn). Dadurch kommt es zu einer Überlaufblase, die sich durch ständigen Urinverlust bemerkbar macht. Der verbleibende Urin in der Blase kann Infektionen des Harntraktes begünstigen und sogar zu einem Rückstau in die Niere führen.

Eine andere Komplikation der Prostatahypertrophie ist ein akut einsetzender Harnverhalt, bei dem der Patient nicht mehr in der Lage ist, Urin zu entleeren. In diesem Fall sofort den Arzt aufsuchen.

Je nach Stadium der Prostataerkrankung kann die Therapie von konservativen Methoden (Sitzbäder, Ernährungsumstellung) bis hin zur Operation reichen. Häufig kann eine Drüsenverkleinerung der Prostata durch die Harnröhre durchgeführt werden.

Tip

Bei allen Beschwerden der Prostata muß auch an ein bösartiges Prostatakarzinom gedacht werden. Deshalb ist jedem Mann zu raten, zur Vorsorgeuntersuchung ab dem 45. Lebensjahr zu gehen.

Prozeßkostenhilfe

Was außergerichtlich die → *Beratungshilfe*, ist vor Gericht die Prozeßkostenhilfe.

Eine Partei, die nach ihren persönlichen und wirtschaftlichen Verhältnissen die Kosten der Prozeßführung nicht oder nur zum Teil oder nur in Raten aufbringen kann, erhält auf Antrag Prozeßkostenhilfe. Es muß aber für die beabsichtigte Rechtsverfolgung oder Rechtsverteidigung hinreichende Aussicht auf Erfolg bestehen und die Maßnahme nicht mutwillig erscheinen. Diese Möglichkeit besteht nicht nur vor den Zivilgerichten, sondern auch vor den Arbeits-, Sozial-, Verwaltungs- und Finanzgerichten. Ausgenommen sind lediglich Strafsachen. Hierfür wird ein Offizialverteidiger bestellt, wenn die Voraussetzungen dafür gegeben sind.

Das Gericht prüft bei der Gewährung von Prozeßkostenhilfe nicht nur die „Armut" des Antragstellers im Sinne des Gesetzes, sondern auch vorbehaltlich des Ergebnisses einer späteren Beweisaufnahme die Erfolgsaussichten.

Die Bewilligung von Prozeßkostenhilfe erfolgt für jede Instanz gesondert. Wem Prozeßkostenhilfe bewilligt wird, hat gute Aussichten, den Rechtsstreit zu gewinnen. Verliert er ihn allerdings, so muß er die Kosten des Verfahrens tragen und damit auch die Kosten des gegnerischen Rechtsanwalts. Die Prozeßkostenhilfe befreit lediglich von den Gerichtskosten und von den Kosten des Rechtsanwalts, den das Gericht nach Wahl des Antragstellers ihm beigeordnet hat.

Rechtsschutzversicherung

Es gibt viele Diskussionen darüber, ob eine Rechtsschutzversicherung sinnvoll ist oder nicht. Viele halten sie für eine Versicherung, die nur für sog. Prozeßhansel notwendig ist.

Für den privaten Bereich kommen grundsätzlich der Verkehrsrechtsschutz, der Familienrechtsschutz und der Mietrechtsschutz in Frage.

Gerade der **Verkehrsrechtsschutz** ist als sinnvoll anzusehen. Denn im Falle eines Verkehrsunfalles, bei dem die Schuldfrage nicht einwandfrei geklärt ist, ist es sehr angenehm, einen Rechtsanwalt ohne Kostenrisiko beauftragen zu können. Der Verkehrsrechtsschutz umfaßt

- Strafrechtsschutz
- Führerscheinrechtsschutz
- Vertragsrechtsschutz für das Fahrzeug
- Kfz-Steuerrechtsschutz und
- Fahrerrechtsschutz für den Versicherungsnehmer beim Lenken fremder Fahrzeuge.

Ob auch der **Familienrechtsschutz**, der den privaten und bei Arbeitnehmern auch den beruflichen Bereich wie

- Schadensersatzrechtsschutz
- Strafrechtsschutz
- Vertragsrechtsschutz
- Sozialgerichtsrechtsschutz
- Steuerrechtsschutz
- Arbeitsrechtsschutz und
- Beratungsrechtsschutz

umfaßt, sinnvoll ist, muß jeder für sich selbst entscheiden.

Ob der **Mietrechtsschutz**, der z. Z. wegen vieler Eigenbedarfskündigungen sehr gefragt ist, notwendig ist, muß auch in jedem individuellen Fall abgewogen werden.

Grundsätzlich wird beim Rechtsschutz eine Versicherungsumme in Höhe von 100.000 DM abgeschlossen. Bis zu dieser Höhe trägt die Versicherung die gerichtlichen und außergerichtlichen Kosten.

Günstige Beiträge für den Verkehrsrechtsschutz bzw. für den Familienrechtsschutz und Mietrechtsschutz bietet z. B. u. a. die AUXILIA Rechtsschutz-Versicherung, Postfach 15 02 20, 8000 München 15, Tel.-Nr. 0 89-53 98 10 an. Hierbei ist zu beachten, daß die AUXILIA sogar den Zweitwagen bei Arbeitnehmern kostenlos mitversichert, wogegen andere Versicherungsgesellschaften den Beitrag pro Fahrzeug berechnen.
Sollte der Versicherungsnehmer als Beamter bzw. im öffentlichen Dienst tätig sein, so bietet z. B. u. a. die Deutsche Beamtenversicherungs-AG, Postfach 21 09, 6200 Wiesbaden 1, Tel.-Nr. 06 11-36 31 günstige Beiträge an.

Tip

Auch hierbei sollte darauf geachtet werden, daß nur Einjahresverträge abgeschlossen werden, die sich von Jahr zu Jahr verlängern.

Leider gibt es noch keine besonderen Seniorentarife.

Reisegepäckversicherung

Die Reisegepäckversicherung sorgt immer wieder für Streit zwischen der Versicherungsgesellschaft und dem Kunden. Auf der einen Seite wollen viele Reisende damit ihre Urlaubskasse aufbessern, auf der anderen Seite sind die Bedingungen der Reisegepäckversicherung mit so vielen Ausschlüssen garniert, daß es nach jeder Reisesaison zu vielen Prozessen kommt. Außerdem leisten die Reisegepäckversicherungen grundsätzlich nur den Zeitwert des Gepäcks.

Falls trotz dieser erheblichen Ausschlüsse doch Interesse an einer Reisegepäckversicherung besteht, sollten z. B. u. a. folgende Gesellschaften berücksichtigt werden: die Europa Sachversicherungs AG, Piusstr. 137, 5000 Köln 41, Tel.-Nr. 02 21-57 37 01, die Colonia Versicherungs AG, Postfach 80 50 50, 5000 Köln 80, Tel.-Nr. 02 21-6 90 01, die Bayerische Beamtenversicherung, Thomas Dehler-Str. 25, 8000 München 83, Tel.-Nr. 089-67 87 0.

Tip

Bei einigen Gesellschaften gilt eine Höchstreisedauer bzw. auch ein Höchstalter.

Rente

→ *Rentenantrag,* → *Renten- und Versorgungsbezüge*

Rentenantrag/Rentenberechnung

Viele Rentenbescheide, die die Höhe der Rente festlegen, sind falsch. Man geht davon aus, daß jeder dritte Rentenbescheid falsch erstellt ist. Jedoch sind die meisten Fehlerquellen nicht beim Rententräger zu suchen, sondern beim Antragsteller.

Jede Lücke im Rentenkonto führt automatisch zu einer Minderung der Rente. Aus diesem Grunde ist es erforderlich, daß der Versicherte diese Lücke durch Nachweise schließen kann. Diese Nachweise sollten sorgfältig aufbewahrt werden. Um die Rentenkonten schon vor dem Rentenantritt zu klären und um die Beitragsausfall- und Ersatzzeiten festzustellen, verschicken die Rententräger sog. Versicherungsverläufe an die Versicherten.
Man kann auch selbst aktiv werden. Wenn man das 45. Lebensjahr vollendet hat, kann man beim Rententräger den Versicherungsverlauf beantragen. Bei fehlenden Nachweisen bzw. bei rentenmindernden Lücken sollte man aber unverzüglich tätig werden und u. U. beim Arbeitgeber nachfragen, ob dieser auch die Beiträge ordnungsgemäß abgeführt hat.

Tip

Bei Beschaffung von Bescheinigungen für Militärdienste im 2. Weltkrieg hilft das Bundesarchiv Zentrale Nachweisstelle, Abteigarten 6, 5100 Aachen.

Außerdem hilft in allen Rentenfragen der Bundesverband der Rentenberater e. V., Alfons-Kafka-Str. 4, 5000 Köln 90. Dieser Verband nennt auch örtliche und seriöse Rentenberater.

Wenn man gar nicht in der Lage ist, schriftliche Nachweise zu beschaffen, dann ist die letzte Möglichkeit die sog. eidesstattliche Erklärung von Zeugen. Hierbei ist jedoch größte Sorgfalt anzuwenden, da die Versicherungsträger dies genau nachprüfen.

Der Versicherungsverlauf kann ab dem 45. Lebensjahr erstmals bei dem Rententräger abgerufen werden. Ab dem 55. Lebensjahr erteilt der Rentenversicherungsträger auf Antrag sogar Rentenauskünfte. Mit dieser Rentenauskunft kann ein seriöser Rentenberater bzw. Fachmann eine relativ zuverlässige Berechnung über die zu erwartende Rente vornehmen.

Renten können grundsätzlich erst dann beantragt werden, wenn die Voraussetzungen für ihre Zahlung vorliegen. Anders ist dies bei der Altersrente. Diese kann bereits drei Monate, bevor die letzte Voraussetzung erfüllt ist, beantragt werden. Dabei ist der Arbeitgeber sogar verpflichtet, die letzten bei der Rente zu berücksichtigenden Gehälter oder Löhne schon drei Monate vor Beendigung des Beschäftigungsverhältnisses zu bescheinigen.

Tip

Da die häufigsten Fehler beim Rentenantrag unvollständige Namen, unvollständige Adressen bzw. geänderte Adressen und falsche Versicherungsnummern sind, sollte man darauf achten, daß diese korrekt angegeben werden, damit sich die Bearbeitung nicht verzögert.

Grundsätzlich ist dem Rentner freigestellt, wohin er sich seine Rente überweisen läßt. Die Deutsche Bundespost bietet gegenüber anderen Instituten gerade gebrechlichen Personen und über 75jährigen den Service an, daß man auf Antrag die Rente auch in der Wohnung ausgezahlt bekommt.

Renten- und Versorgungsbezüge

Renten werden einkommensteuerlich völlig anders behandelt als **Versorgungsbezüge**. Das ist für den Laien schwer verständlich, vom Bundesverfassungsgericht aber gebilligt worden.

Unter den Begriff „**Versorgungsbezüge**" fallen

1. Ruhegelder und Hinterbliebenenbezüge aus der Beamtenversorgung und
2. Leistungen aus betrieblichen Unterstützungskassen bzw. betrieblichen Pensionskassen.

Diese Bezüge werden steuerlich wie Arbeitsentgelt behandelt, d. h. der volle Betrag der Bezüge muß versteuert werden. Es werden jedoch folgende Freibeträge gewährt:

- ein Versorgungsfreibetrag in Höhe von 40 % der Versorgungsbezüge, höchstens jedoch 4.800 DM jährlich,
- eine Arbeitnehmerpauschale von 2.000 DM jährlich,
- Sonderausgabenpauschbetrag für Alleinstehende bzw. Verheiratete in Höhe von 108 DM bzw. 216 DM jährlich,
- eine Vorsorgepauschale für Alleinstehende bzw. Verheiratete höchstens 1.998 DM bzw. 3.996 DM.

Falls beide Ehegatten Versorgungsbezüge beziehen, erhält jeder gesondert den Versorgungsfreibetrag, ebenso gesondert die Arbeitnehmerpauschale.

Unter den Begriff „**Renten**" fallen

- betriebliche Versorgungsrenten (wenn ein Steuerpflichtiger seinen Betrieb auf der Grundlage einer Leibrente oder einer abgekürzten Leibrente veräußert),
- sonstige Veräußerungsrenten (wenn ein Steuerpflichtiger Wirtschaftsgüter außerhalb eines Betriebsvermögens gegen Leibrente veräußert),
- außerbetriebliche Versorgungsrenten (wenn Eltern ihren Betrieb im Wege der vorweggenommenen Erbfolge auf ihre Kinder gegen Rente übertragen),
- private Renten (aufgrund eines Rentenversicherungsvertrages bzw. als Sozialversicherungsrenten, einschließlich der Renten von Angestellten im Öffentlichen Dienst).

Diese Renten werden steuerlich nur mit dem sog. Ertragsanteil erfaßt und sind nicht wie die Versorgungsbezüge Einkünfte aus nichtselbständiger Arbeit oder (bei der betrieblichen Versorgungsrente des Unternehmers) Einkünfte aus Gewerbebetrieb, sondern sog. sonstige Einkünfte. Für diese **sonstigen Einkünfte** ist der Ertragsanteil der folgenden Tabelle zu entnehmen:

Bei Beginnn der Rente vollendetes Lebensjahr des Renten-berechtigten	Ertrags-anteil in v. H.	Bei Beginn der Rente vollendetes Lebensjahr des Renten-berechtigten	Ertrags-anteil in v. H.	Bei Beginn der Rente vollendetes Lebensjahr des Renten-berechtigten	Ertrags-anteil in v. H.
0 bis 2	72	42	48	66	23
3 bis 5	71	43 bis 44	47	67	22
6 bis 8	70	45	46	68	21
9 bis 10	69	46	45	69	20
11 bis 12	68	47	44	70	19
13 bis 14	67	48	43	71	18
15 bis 16	66	49	42	72	17
17 bis 18	65	50	41	73	16
19 bis 20	64	51	39	74	15
21 bis 22	63	52	38	75	14
23 bis 24	62	53	37	76 bis 77	13
25 bis 26	61	54	36	78	12
27	60	55	35	79	11
28 bis 29	59	56	34	80	10
30	58	57	33	81 bis 82	9
31 bis 32	57	58	32	83	8
33	56	59	31	84 bis 85	7
34	55	60	29	86 bis 87	6
35	54	61	28	88 bis 89	5
36 bis 37	53	62	27	90 bis 91	4
38	52	63	26	92 bis 93	3
39	51	64	25	94 bis 96	2
40	50	65	24	ab 97	1
41	49				

Ist der Rentenberechtigte also bei Beginn der Rente 65 Jahre alt, muß er nur 24 % der ihm zufließenden Rentenbezüge versteuern. Der Werbungskostenpauschbetrag beträgt dann allerdings 200 DM, der Sonderausgabenpauschbetrag 108 DM pro Rentenberechtigtem.

Renten- und Versorgungsbezüge

Folgende Renten sind steuerfrei:

- Renten aus der gesetzlichen Unfallversicherung,
- Kriegs- und Schwerbeschädigtenrenten,
- Wiedergutmachungsrenten.

Rheuma

= Rheumatische Arthritis = primär chronische Polyarthritis (PcP)

Rheuma ist eine entzündliche Gelenkerkrankung, deren Ursache nicht genau bekannt ist. Man vermutet einen genetischen (also erblichen) Defekt oder eine Virusursache, die Anlaß zu bestimmten Zerstörungsvorgängen an den Gelenken geben.
Häufig sind die Finger, Hand- und Fußgelenke befallen. Es kommt zu einer entzündlichen, symmetrischen Schwellung der Gelenke und zu Gelenkverdickung. Im Laufe der Jahre verschlechtert sich das Leiden schubweise, und es entstehen Gelenkdeformationen sowie Gelenkversteifungen. Typischer Beginn der Polyarthritis ist der Schmerz beim Händedruck sowie die Morgensteifheit der Finger. Auch Durchblutungsstörungen gehören in das Bild der rheumatischen Arthritis.
Sogenannte Rheumaknoten finden sich manchmal an den Streckseiten der Finger oder an den Sehnen des Unterarms. Neben der Manifestation an den Gelenken kann es zu Veränderungen der Haare, der Augen, der Arterien und des Herzens kommen.

Therapie:
- Entzündungshemmende Medikamente kommen in Frage. So zum Beispiel Azetylsalizylsäure oder auch Diclofenac. Häufig treten bei diesen Medikamenten eine Reihe von Nebenwirkungen auf, so daß eine lange Therapie schwierig ist.
- Ebenso bringt eine physikalische Therapie (Wärme-, Kälte-, Elektro- und Bewegungstherapie) Erleichterung und verbessert die Gelenkbeweglichkeit.
- Goldverbindungen und D-Penicillamin bringen erst nach Wochen bis Monaten eine spürbare Verbesserung und können mit erheblichen Nebenwirkungen einhergehen. Deshalb laufende Kontrolle durch den Arzt.
- Am Schluß aller Bemühungen steht bei einer Gelenkversteifung eine operative Therapie (vor allem bei Befall der Kniegelenke).

Risikolebensversicherung

Grundsätzlich ist der Bedarf einer Risikolebensversicherung für Jungsenioren bzw. Senioren sehr gering. Diese Versicherung deckt nur den Todesfall ab, und deshalb erfolgt, wenn man den Ablauf der Versicherung erlebt, keine Auszahlung. Doch sollte sich die Situation einmal ergeben, daß man eventuell auch im fortgeschrittenen Alter noch einen Kredit aufnimmt, der mit einer Risikolebensversicherung abgesichert werden muß, so sind z. B. u. a. folgende Versicherungsgesellschaften interessant:

- Cosmos-Lebensversicherung, Postfach 505, 6600 Saarbrücken 3, Tel.-Nr. 06 81-3 09 70
- Europa-Lebensversicherung, Postfach 10 07 50, 5000 Köln 41, Tel.-Nr. 02 21-57 37-01.

Im Gegensatz zur → *Berufsunfähigkeitsversicherung* kommt es nicht auf die Bedingungen an, sondern hier kann man sagen, daß die billigste Versicherung auch die beste ist.

Rundfunk- und Fernsehgebühren

Von der Rundfunk- und Fernsehgebührenpflicht wird auf Antrag Befreiung erteilt. Antragsberechtigt sind insbesondere → *Behinderte*, Blinde, Hörgeschädigte, Personen mit geringem Einkommen sowie Bewohner von Altenwohnheimen, Altenheimen und Altenpflegeheimen und sonstigen Pflegeheimen.
Der Antrag ist über das Sozialamt an die Rundfunkanstalt zu stellen (→ *Telefon*).

Safe

→ *Schließfach*

Schenkung (Widerruf)

Die Schenkung ist ein zweiseitiger Vertrag. Das Schenkungsangebot bedarf der Annahme. Wird das Geschenk – wie meist im Leben – sofort übergeben, so ist der Schenkungsvertrag ohne besondere Form wirksam. Ein Schenkungsversprechen hingegen bedarf der notariellen Beurkundung. Die mangelnde Form wird aber durch die spätere Hingabe des Geschenkes geheilt.

Der Schenkende hat bei einem Schenkungsversprechen die sog. Notbedarfseinrede. Er kann danach die Erfüllung verweigern, soweit er bei Berücksichtigung seiner sonstigen Verpflichtungen außerstande ist, das Versprechen zu erfüllen, ohne daß sein angemessener Unterhalt oder die Erfüllung der ihm kraft Gesetzes obliegenden Unterhaltspflichten gefährdet wird.

Die Schenkung kann wie auch das → *Testament* unter einer → *Auflage* erfolgen. Die Vollziehung der Auflage kann der Schenkende erst dann verlangen, wenn er seinerseits geleistet hat.

Soweit der Schenkende nach der Vollziehung der Schenkung außerstande ist, seinen angemessenen Unterhalt zu bestreiten und die ihm, seinen Verwandten oder seinem Ehegatten oder seinem früheren Ehegatten gegenüber gesetzlich zu erfüllende Unterhaltspflicht zu erfüllen, kann er von dem Beschenkten die Herausgabe des Geschenks nach den Vorschriften über die Herausgabe einer ungerechtfertigten Bereicherung fordern (Rückforderung des Geschenkten wegen Verarmung des Schenkers). Diesen Anspruch kann gegebenenfalls auch der Sozialhilfeträger auf sich überleiten und gegen den Beschenkten durchsetzen (→ *Sozialhilfe*).

Eine Schenkung kann widerrufen werden, wenn sich der Beschenkte durch eine schwere Verfehlung gegen den Schenker oder einen nahen Angehörigen des Schenkers groben Undankes schuldig macht. Schwere Verfehlungen sind z. B. Bedrohung des Lebens, körperliche Mißhandlung, bewußt grundloser Entmündigungsantrag, bewußt grundlose Strafanzeige, belastende Aussagen trotz Zeugnisverweigerungsrechts, schwere Beleidigung, Ehebruch, andauernde und verheimlichte ehewidrige Beziehungen.

Den Erben des Schenkers steht das Recht des Widerrufs nur zu, wenn der Beschenkte vorsätzlich und widerrechtlich den Schenker getötet oder am Widerruf gehindert hat. Anstandsschenkungen (gebräuchliche Gelegenheitsgeschenke sowie Hochzeitsgeschenke) unterliegen nicht der Rückforderung wegen Notbedarfs und nicht dem Widerruf.

Auch in einer Anzeige gegen den Schenker bei der Polizei oder dem Arbeitgeber kann grob undankbares Verhalten des Beschenkten liegen, wenn er damit keine eigenen Interessen, sondern nur allgemeine, z. B. staatsbürgerliche, Rechte verfolgt.

Tip

Bei jeder Schenkung möglichst die → *Anrechnungspflicht* regeln!

Schenkungssteuer

→ *Erbschaftssteuer*

Schließfach (Bank)

Viele Bundesbürger haben zusätzlich zu ihrem laufenden Konto bzw. Depot oder ihren Sparbüchern bei ihrer Bank noch ein Schließfach. Viele heben darin ihre Papiere aus den → *Tafelgeschäften* auf. Dieses Schließfach kostet im Jahr meistens zwischen 50 und 150 DM.

Tip

Man sollte darauf achten, daß man dieses Schließfach nicht bei seiner Hausbank einrichtet. Verstirbt nämlich der Kontoinhaber bzw. der Schließfachinhaber, so ist das Kreditinstitut verpflichtet, dem Finanzamt mitzuteilen, daß der Erblasser bei dem Kreditinstitut ein Konto bzw. ein Schließfach hatte.

Zwar ist man verpflichtet, die Erträge aus den Tafelgeschäften in der Einkommensteuererklärung anzugeben, jedoch wird dies von den Bundesbürgern oft unterlassen. Aus diesen Gründen haben die Erben das Interesse, daß das Vermögen gegenüber dem Finanzamt aus dem Schließfach nicht offengelegt wird. Ist das Schließfach nun eben nicht bei der Hausbank, sondern bei einer anderen Bank, so wird sicherlich die andere Bank die

Nachricht bezüglich des Todes des Schließfachinhabers wesentlich später erreichen bzw. sie wird nie Kenntnis davon bekommen. Möchte man also vermeiden, daß die andere Bank Kenntnis von dem Todesfall des Schließfachinhabers erhält, so sollte der Schließfachinhaber bereits zu Lebzeiten eine Vollmacht bezüglich des Schließfaches demjenigen erteilen, der nach seinem Tode darüber verfügen soll. Dabei ist zu beachten, daß die Vollmacht auch dazu berechtigen muß, das Schließfach gänzlich aufzulösen.

Außerdem sollte eine Tresorinhaltversicherung gegen Brand und Einbruchdiebstahl abgeschlossen werden, denn die Kreditinstitute haften nur für grobes Verschulden.
Meist haben die Institute einen Rahmenvertrag mit einer bestimmten Versicherungsgesellschaft. Ist dies nicht der Fall, so sollte man sich z. B. u. a. an folgende Gesellschaft wenden: Colonia, Postfach 80 50 50, 5000 Köln 80, Tel.-Nr. 02 21-6 90-01.

Senior-Experten

Deutsche Techniker und Kaufleute, die bereits im Ruhestand leben, können in der Dritten Welt und im Ostblock Einsatz finden, und zwar über die Senior-Experten-Service GmbH, c/o DIHT, Adenauer-Allee 148, 5300 Bonn 1, Tel.-Nr. 02 28-10 46 66 bzw. über die Carl-Duisberg-Gesellschaft, Hohenstaufenring 30-32, 5000 Köln 1, Tel.-Nr. 02 21-20 98-0.

Seniorenpaß

Die Bundesbahn gewährt Senioren zahlreiche Vergünstigungen. In der Regel kann die Hälfte des Fahrpreises gespart werden.
Senior im Sinne dieses Angebotes ist grundsätzlich eine Frau, die das 60. Lebensjahr bzw. ein Mann, der das 65. Lebensjahr vollendet hat. Für Rentenempfänger gibt es zusätzliche Möglichkeiten.

Seniorenrabatt

Tip

Einige Versicherungen gewähren in den verschiedenen Versicherungssparten einen Seniorenrabatt. Das erspart nicht das eigene Nachprüfen, ob der jeweilige Versicherungsbeitrag trotzdem wirklich günstig ist.

Sonderausgaben

Sonderausgaben sind ausnahmsweise abzugsfähige Lebenshaltungskosten in Form der → *Vorsorgeaufwendungen und* der sonstigen Sonderausgaben. Zu letzteren gehören

- Unterhaltszahlungen an den geschiedenen oder dauernd getrennt lebenden Ehegatten bis zum Höchstbetrag von 18.000 DM unter der Voraussetzung, daß keine Zusammenveranlagung mehr erfolgt;
- auf besonderen Verpflichtungsgründen beruhende Renten und dauernde Lasten;
- gezahlte Kirchensteuer;
- Zinsen in Form der Stundungszinsen und Aussetzungszinsen nach der Abgabenordnung;
- Steuerberatungskosten;
- Aufwendungen für die Berufsausbildung des Steuerpflichtigen oder seines Ehegatten, nicht jedoch für die Berufsausbildung anderer Personen (z. B. von Kindern), und zwar bis zum Höchstbetrag von 900 DM, bei auswärtiger Unterbringung bis zum Betrag von 1.200 DM pro Kalenderjahr;
- Aufwendungen für ein hauswirtschaftliches Beschäftigungsverhältnis, das rentenversicherungspflichtig ist, bis zu 12.000 DM pro Kalenderjahr. Mehrere Haushalte können dieselbe Hilfe als → *Teilzeitkraft* beschäftigen, wenn die addierten Teilzeitlöhne 480 DM übersteigen. Auch nahe Angehörige können beschäftigt werden, nicht aber der Ehegatte. Weitere Voraussetzung ist, daß zum Haushalt des Steuerpflichtigen entweder zwei Kinder gehören (bei Alleinstehenden ein Kind), die zu Beginn des Kalenderjahres das zehnte Lebensjahr noch nicht vollendet haben, oder ein Hilfloser im Sinne des → *Behindertenpauschbetrags*. Erfüllen zwei zusammenlebende Alleinstehende beide

Voraussetzungen für einen Abzug, steht ihnen der Höchstbetrag insgesamt nur einmal zu. Gestalten sie jedoch zwei Haushalte, so erhalten sie den Freibetrag zweimal. Sie stellen sich dann besser als Ehegatten.

Sozialhilfe

Sozialhilfe nach dem Bundessozialhilfegesetz (BSHG) erhält, wer sich nicht selbst helfen kann oder wer die erforderliche Hilfe nicht von anderen, besonders von Angehörigen oder von Trägern anderer Sozialleistungen erhält. Die Sozialhilfe soll dem Empfänger die Führung eines Lebens ermöglichen, das der Würde des Menschen entspricht.

Grundsätzlich muß der Hilfesuchende zunächst sein Einkommen und sein Vermögen einsetzen. Nicht einsetzen muß der Hilfesuchende folgende Vermögensgegenstände:

- angemessenen Hausrat,
- Gegenstände, die einer Berufsausbildung oder Erwerbstätigkeit dienen,
- besondere Familien- und Erbstücke,
- Gegenstände, die zur Befriedigung geistiger Bedürfnisse dienen,
- ein angemessenes Hausgrundstück, das vom Hilfesuchenden oder anderen Mitgliedern der Bedarfsgemeinschaft allein oder zusammen mit Angehörigen ganz oder teilweise bewohnt wird und nach seinem Tod bewohnt werden soll. Geschützt sind damit nach den Regeln des Zweiten Wohnungsbaugesetzes Familienheime mit einer Wohnung bis 130 qm bzw. Eigentumswohnungen bis 120 qm. Diese Grenzen können unter besonderen Voraussetzungen überschritten werden,
- kleinere Barbeträge oder sonstige Geldwerte. Darunter versteht das Sozialamt bei Hilfe zum Lebensunterhalt einen Gesamtbetrag von 2.500 DM für den Hilfesuchenden bzw. bei einer Hilfe in besonderen Lebenslagen einen Betrag von 4.500 DM. Hinzu kommen noch kleinere Beträge für jede zu unterhaltende Person bzw. für den Ehegatten.

Verwandte in gerader Linie (Eltern bzw. Kinder und Enkelkinder) sind unterhaltspflichtig. Solche Unterhaltsansprüche eines Sozialhilfeempfängers kann der Träger der Sozialhilfe durch schriftliche Anzeige auf sich überleiten, allerdings nur dann, wenn der Unterhaltspflichtige mit dem Sozialhilfempfänger im ersten Grad verwandt ist. Erhält die Mutter Sozialhilfe, so können die Unterhaltsansprüche gegenüber ihren Kindern übergeleitet werden, nicht aber die Unterhaltsansprüche gegenüber ihren Enkeln oder gar Urenkeln (Verwandte im 2. bzw. 3. Grad).

Es kann nicht mehr übergeleitet werden, als dem Sozialhilfeempfänger nach allgemeinen unterhaltsrechtlichen Grundsätzen zusteht. Ein Anspruch gegen den gut verdienenden Schwiegersohn kann nicht übergeleitet werden, da dieser nicht unterhaltspflichtig ist. Die Überleitung des Anspruchs gegen die Tochter, die Hausfrau ist, wird unterbleiben, da diese kein eigenes Arbeitseinkommen hat. Ohnehin bleibt betragsmäßig einem Unterhaltspflichtigen zumindest der sog. Selbstbehalt (910 DM für den nicht erwerbstätigen bzw. 990 DM für den erwerbstätigen Unterhaltspflichtigen).

Soweit der Sozialhilfeempfänger nach einer → *Schenkung* seinen eigenen Unterhalt z. B. für ein Pflegeheim nicht aufbringen kann, kann er von dem Beschenkten die Herausgabe des Geschenks fordern. Diesen Anspruch kann der Sozialhilfeträger auf sich überleiten und gegen den Beschenkten geltend machen. Hat dieser das Geschenk bereits weitergeschenkt, so richtet sich der Anspruch auch gegen den Weiterbeschenkten. Ein Anspruch, den ein Hilfeempfänger für die Zeit der Hilfegewährung gegen einen anderen hatte, kann auch noch nach dem Tod des Hilfeempfängers auf den Träger der Sozialhilfe übergeleitet werden.

Der → *Erbe* des Sozialhilfeempfängers ist zum Ersatz der Kosten der Sozialhilfe für die Dauer von 10 Jahren vor dem Erbfall verpflichtet. Kraft Gesetzes ist die Haftung des Erben auf den Nachlaß beschränkt. Darüber hinaus haftet er nicht. Kostenersatz wird vom Erben nur gefordert, wenn der Wert des Nachlasses den Betrag von z. Z. 2.500 DM übersteigt. Wenn der Erbe der Ehegatte des Hilfsempfängers oder mit diesem verwandt ist und nicht nur vorübergehend bis zum Tode des Hilfsempfängers mit diesem in häuslicher Gemeinschaft gelebt und diesen gepflegt hat, wird Anspruch auf Kostenersatz nicht geltend gemacht, soweit der Wert des Nachlasses unter 30.000 DM liegt. Ganz allgemein ist der Kostenersatzanspruch nicht geltend zu machen, soweit dies im Einzelfall eine besondere Härte bedeuten würde.

Sparbriefe

In der Bundesrepublik werden z. Z. drei verschiedene Typen von Sparbriefarten angeboten:

Typ A: Zinsauszahlung, Laufzeit jährlich nachträglich:
Hier erhält der Kunde jährlich nachträglich seine Zinsen ausgezahlt.

Typ B: Zins- und Zinseszinsansammlung während der Laufzeit:
Hier erhält der Kunde den Zinsbetrag bzw. die Zinsen am Ende der Laufzeit in einem Gesamtbetrag ausgezahlt.

Typ C: Kaufpreis ist der um die Zinsen verringerte Rückzahlungsbetrag:
Hier erhält der Kunde einen bestimmten Betrag am Ende der Laufzeit ausgezahlt und muß am Anfang der Laufzeit einen abgezinsten geringeren Betrag leisten, d. h. z. B., er erhält nach 10 Jahren 10.000 DM, wenn er bei einem Zinssatz von 8 % am Anfang der Laufzeit 4.631,90 DM einzahlt.

Gerade bei Jungsenioren ist es wichtig, daß die Zinseinkünfte nicht dann anfallen, wenn man noch im Erwerbsleben steht und eine relativ hohe Steuerprogression hat.
Die Zinseinkünfte sollten erst dann eintreten, wenn man das Rentenalter erreicht hat. Die Steuerprogression ist dann relativ gering, d. h., daß man von den Zinsen weniger Steuern bezahlen muß. Aus diesen Gründen ist eher der Typ B bzw. Typ C für die Jungsenioren empfehlenswert.

Tip

Von den einzelnen Kreditinstituten, aber auch von den einzelnen Bausparkassen, werden Sparbriefe mit unterschiedlichen Zinssätzen angeboten. Ein Vergleich lohnt sich, denn der Zinssatz kann über 1 % zwischen den Instituten differieren.

Gerade in der jetzigen Hochzinsphase lohnen sich vor allem Sparbriefe mit einer relativ langen Laufzeit, z. B. die Weberbank, Nürnberger Str. 61-62, 1000 Berlin 30, Tel.-Nr. 0 30-21 90 50, bietet u. a. sogar Sparbriefe bis zu einer Laufzeit von 25 Jahren an.

Sparbuch

Das Sparbuch ist in Deutschland immer noch die beliebteste Sparform. Auf den Sparbüchern liegen Milliarden von Spargeldern, die nur relativ niedrig verzinst werden. Der Durchschnittszinssatz beim Sparbuch liegt z. Z. zwischen 2,5 % bis 3 %. Der Kapitalmarktzins ist im Jahr 1990 drastisch nach oben gestiegen, das Sparbuch wurde jedoch nicht nach oben angepaßt.

Gerade bei Senioren ist das Sparbuch sehr beliebt, da hier über das Geld jederzeit verfügt werden kann und kein Kursrisiko besteht.

Eine ganz neue Alternative bietet z. B. auch die Allbank, Postfach 91 01 46, 3000 Hannover 91, Tel.-Nr. 05 11-4 58 50, die hier Jungsenioren ab 55 Jahren ein besonderes Sparbuch mit gesetzlicher Kündigungsfrist anbietet. Hier erhält der Jungsenior-Sparer einen variablen Zinssatz wie bei einem normalen Sparbuch. Dieser Zinssatz liegt jedoch 2 % über dem Zinssatz für Spareinlagen mit gesetzlicher Kündigungsfrist. Der derzeit gültige Zinssatz ist z. Z. 5,5 % pro Jahr. Hier zeigt sich durch diese Innovation, daß auch besondere Produkte für die Gruppe Jungsenioren entwickelt werden können.

Z. B. auch die Pacific Bank, Postfach 10 21 63, 6050 Offenbach, Tel.-Nr. 0 69-80 58-0, bietet für Jungsenioren ab 58 Jahren für Sparbücher mit einer Kündigungsfrist von 2 oder 4 Jahren einen höheren Zinssatz an. Hier beträgt die Mindestanlage 1.000 DM.

Als Alternative zum Sparbuch bieten sich auch sog. Kurzläufer-Investmentfonds an. Diese → *Investmentfonds* investieren ihre Gelder ausschließlich in festverzinsliche Wertpapiere, die nur eine kurze Laufzeit haben, so daß das Kursrisiko sehr begrenzt ist. Wie bei jedem Investmentfonds können die Anteile jederzeit verkauft werden. Im Gegensatz zu normalen Investmentfonds beträgt hier der Ausgabeaufschlag nur 0,5 bis 1 %.

Erwähnenswert ist u. a. z. B. auch der DM-Reserve-Fonds IIM (Internationale Investment Managementgesellschaft), 65 Avenue de la Gare, L-1611 Luxembourg, Tel.-Nr. 0 03 52-4 03 54 51.

Hier bietet die IIM sogar eine Mindestrendite von 7-8 % pro Jahr an. Die IIM Luxembourg ist eine Investmentgesellschaft der Deutsche Bank-Gruppe (→ *Vertrag zugunsten Dritter*).

Sparerfreibetrag

→ *Kapitaleinkünfte*

Spekulationsgewinn

Ein privater Spekulationsgewinn (Veräußerungspreis für ein Wirtschaftsgut ist höher als die Anschaffungskosten) unterliegt der Einkommensteuer
- bei Grundstücken, wenn zwischen Anschaffung und Veräußerung nicht mehr als zwei Jahre liegen;
- bei sonstigen Wirtschaftsgütern (z. B. Aktien, Kunstgegenständen etc., nicht aber bei festverzinslichen Wertpapieren, die ausgenommen sind), wenn zwischen der Anschaffung und der Veräußerung nicht mehr als sechs Monate liegen.

Bei unentgeltlichem Erwerb beginnt die Spekulationsfrist des Beschenkten (→ *Erben*) bereits mit dem Zeitpunkt der Anschaffung durch seinen Rechtsvorgänger, der den Gegenstand letztmals entgeltlich erworben hat. Spekulationsgewinne bis zur Höhe von insgesamt 1.000 DM jährlich bleiben steuerfrei. Spekulationsverluste können nicht mit anderen positiven Einkünften verrechnet werden, sondern nur mit Spekulationsgewinnen desselben Jahres und nur bis zur Höhe dieser Gewinne.

Sterbegeldversicherung

Seit der Gesundheitsreform ist das Sterbegeld als Leistung für die bei der gesetzlichen Krankenversicherung ab dem 1.1.1989 neu eintretenden Versicherten nicht mehr vorgesehen.

Ein Bestattungskostenzuschuß, d.h. Sterbegeld, wird für Versicherte der gesetzlichen Krankenkasse, die vor dem 1.1.1989 bereits versichert waren, in folgender Höhe im Todesfall gezahlt:
- für das Mitglied an sich 2.100 DM und
- für jeden Familienmitversicherten 1.050 DM.

Aus diesen Gründen wurden von vielen Versicherungsgesellschaften Sterbegeldversicherungen angeboten. Diese sind nichts anderes als Kapitallebensversicherungen, abgeschlossen auf das Endalter 85. Aufgrund der niedrigeren Summen, die meist 10.000 DM betragen, ist hier nur eine vereinfachte Gesundheitsprüfung erforderlich.

Tip

Wer jedoch bereits Vermögen aufgebaut hat und ohne weiteres eine Beerdigung in Höhe von 10.000 DM bezahlen kann, sollte keine Sterbegeldversicherung abschließen. Dies ist ein Zusatzabschluß, der nicht notwendig ist. Man kann auch diese Gelder auf eine andere Weise anlegen.

Sterbehilfe

Nach geltendem Strafrecht erfüllt die eigenverantwortlich gewollte und verwirklichte Selbsttötung nicht den Tatbestand eines Tötungsdelikts. Es kann also ohne Rücksicht auf die Lauterkeit der Motive nicht als Anstifter oder Gehilfe bestraft werden, wer sich lediglich hieran beteiligt.
Wie jedoch die straflose Beihilfe zur Selbsttötung von der strafbaren Tötung auf Verlangen abgegrenzt werden kann, ist umstritten. Entscheidend wird es darauf ankommen, wer das zum Tode führende Geschehen tatsächlich beherrscht. Wer also den Giftbecher ohne Hilfe Dritter selbst zum Munde führt und das Gift trinkt, hat selbst die Tatherrschaft, wenn er dabei im Zustand freier Willensentscheidung eigenverantwortlich handelt. Der Arzt, der dem schwerstleidenden, unheilbar erkrankten Patienten auf dessen ernsthaftes Wünschen hin das Gift beschafft und den Giftbecher bereitet hat, bleibt straflos. Auch die rechtlichen Gesichtspunkte der Tötung durch Unterlassen und der unterlassenen Hilfeleistung kommen nicht in Betracht. Das wurde im sog. Fall Hackethal höchstrichterlich entschieden.
Trotzdem ist es für den Arzt oder einen anderen Helfer ratsam, sich vorher seitens der zum Freitod entschlossenen Person eine ausführliche privatschriftliche Erklärung geben zu lassen, in der deren nachdrücklicher Wille zum Freitod und die Motive hierfür (wegen unheilbarer Erkrankung) deutlich zum Ausdruck kommen. – Eine andere Problematik ergibt sich beim Abbruch einer → *Krankenbehandlung*.

Tafelgeschäft

Beim Tafelgeschäft werden Wertpapiere, d. h. festverzinsliche Anleihen oder Investmentzertifikate am Bankschalter direkt an den Kunden ausgegeben. Die Bezahlung erfolgt meist durch den Kunden in bar.
Dieser Erwerb von Wertpapieren erfolgt absolut anonym. Der Kunde kassiert meist einmal pro Jahr die Zinsen in bar. Er muß sich jedoch selbst um die Auszahlung kümmern.

Das Tafelgeschäft ist in Deutschland sehr beliebt, da hier Schwarzgeld versteckt werden kann. Jedoch ist darauf hinzuweisen, daß man verpflichtet ist, die Zinserträge zu versteuern.

Teilungsanordnung

Der Erblasser kann durch letztwillige Verfügung Anordnungen für die Auseinandersetzung treffen, sog. Teilungsanordnungen. Weist der Erblasser einem Miterben einen Gegenstand zu, der mehr wert ist, als der Anteil des Miterben am Nachlaß ausmacht, so muß der Erblasser diesem Miterben die Zahlung eines dem Mehrwert entsprechenden Ausgleichs auferlegen; andernfalls liegt ein Vorausvermächtnis vor, weil dem Erben zusätzlich zu seinem Erbteil und ohne Anrechnung ein Vermögensvorteil zugewendet ist.

Teilzeitbeschäftigte

Teilzeitbeschäftigte haben den Vorteil, daß die anfallende Lohnsteuer pauschal erhoben wird.

Der Arbeitgeber hat die pauschale Lohnsteuer zu übernehmen. Der pauschal besteuerte Arbeitslohn und die pauschale Lohnsteuer bleiben bei einer Veranlagung der Teilzeitkraft zur Einkommensteuer außer Ansatz. Eine Lohnsteuerkarte muß nicht vorgelegt werden.

Sozialversicherungsrechtlich entsprechen den Teilzeitbeschäftigten weitgehend die → *geringfügig Beschäftigten.* Doch sind im Grenzbereich der einzelnen Voraussetzungen Abweichungen möglich. Wer z. B. 500 DM monatlich verdient, kann noch lohnsteuerlich Teilzeitkraft sein, aber nicht mehr sozialversicherungsrechtlich geringfügig Beschäftigter. Teilzeitbeschäftigung liegt vor entweder bei kurzfristiger Beschäftigung oder bei geringfügiger Beschäftigung. Die Voraussetzungen sind unterschiedlich.

1. Kurzfristige Beschäftigung

- Kurzfristig ist die Beschäftigung, die nicht regelmäßig wiederkehrend erfolgt und 18 zusammenhängende Arbeitstage nicht übersteigt.

- Der Arbeitslohn darf 120 DM pro Arbeitstag nicht übersteigen; höherer Arbeitslohn ist nur zulässig, wenn die Beschäftigung zu einem unvorhersehbaren Zeitpunkt sofort erforderlich wird.

- Die Lohnsteuer wird mit einem Pauschsteuersatz von 25 % erhoben.

2. Geringfügige Beschäftigung

- Durchgehende Beschäftigung, aber nur in geringem Umfang und zu geringem Arbeitslohn.

- Bei monatlicher Lohnzahlung darf die Beschäftigungsdauer 86 Stunden und der Arbeitslohn 520 DM nicht übersteigen; bei kürzerem Lohnzahlungszeitraum darf die Beschäftigungsdauer 20 Stunden und der Arbeitslohn 120 DM wöchentlich nicht übersteigen.

- Die Lohnsteuer wird mit einem Pauschsteuersatz von 15 % erhoben.

3. Zusätzliche Regeln für 1) und 2)

- Der Arbeitslohn darf 18 DM je Arbeitsstunde durchschnittlich nicht übersteigen.

- Die Kirchensteuer wird pauschal erhoben, falls die Teilzeitkraft der Religionsgemeinschaft rk oder ev angehört, und zwar in der Regel in Höhe von 7 % der Lohnsteuer (in einigen Bundesländern gibt es beachtliche Abweichungen).

- Teilzeitbeschäftigung ist für einen Rentner bei seinem früheren Arbeitgeber zulässig, auch wenn er von dort Ruhegeld bezieht.

Tip

Wer eine Teilzeitkraft beschäftigt, muß die Zahl der tatsächlichen Arbeitsstunden in dem jeweiligen Lohnzahlungszeitraum aufzeichnen. Sonst – oder auch bei Überschreiten der vorgenannten Grenzbeträge – droht Nachversteuerung (Haftung des Arbeitgebers).

Ergänzend: → *Hinzuverdienst,* → *Geringfügig Beschäftigte*

Telefon

Auf Antrag gewährt die Deutsche Bundespost bedürftigen Personen Gebührenvergünstigungen (→ *Rundfunk- und Fernsehgebühren*).

Testament

Wer von der → *gesetzlichen Erbfolge* abweichen will, muß ein Testament errichten. Voraussetzung dafür ist, daß man mindestens 16 Jahre alt und unbedenklich geschäftsfähig ist. Als → *Erbe* kann jede natürliche oder juristische Person eingesetzt werden, so z. B. ein eingetragener Verein, nicht jedoch ein Tier. Dieses kann allenfalls durch eine → *Auflage* begünstigt werden.

Wer jemanden „als Erben" einsetzt, wendet ihm seinen Nachlaß zu, nicht einzelne Gegenstände. Will der Erblasser einzelne Gegenstände bestimmten Erben zuwenden, so muß er das Vorausvermächtnis oder die → *Teilungsanordnung* wählen.

Das Testament kann in **verschiedenen Formen** errichtet werden:

1. Als **eigenhändiges Testament** in der Form, daß es durch den Erblasser selbst in vollem Umfang **privatschriftlich abgefaßt**, **datiert** und **unterschrieben** werden muß:

Mein Testament

Zu meiner Alleinerbin setze ich meine langjährige Lebensgefährtin Helga Müller ein. Mein Bruder Udo erhält ein Vermächtnis in Höhe von 50.000 DM.

Freiburg, den 1.3.1991

Ralf Lehmann

Das privatschriftliche Testament kann jederzeit durch ein neues Testament aufgehoben werden, auch wenn das alte nicht aus der Verwahrung geholt wird. Soweit das spätere Testament vom früheren abweicht, hebt es das frühere Testament auf; für Ehegatten → *Ehegattentestament.*

2. Als **öffentliches Testament** vor einem Notar. Für Minderjährige ist nur diese Form möglich. Die Gebühr des Notars für ein solches Testament beträgt bei einem Nachlaßwert von 100.000 DM 260 DM netto (ohne Nebenkosten und Umsatzsteuer), bei einem Nachlaßwert von z. B. 1.000.000 DM 1.160 DM. Die Gebühr verdoppelt sich bei einem → *Ehegattentestament* oder einem → *Erbvertrag*.
   Das **öffentliche Testament** wird immer amtlich verwahrt. Es kann durch den Erblasser in gleicher Weise wie ein eigenhändiges Testament durch ein späteres eigenhändiges Testament aufgehoben werden. Die Aufhebung des öffentlichen Testaments bedarf nicht der notariellen Beurkundung.

3. Als **Nottestament** ist es möglich,
   - wenn der Erblasser nicht mehr rechtzeitig einen Notar erreichen kann, mündlich zur Niederschrift des Bürgermeisters unter Hinzuziehung von zwei Zeugen oder
   - bei Todesgefahr für den Erblasser, etwa anläßlich eines Verkehrsunfalles, durch mündliche Erklärung vor drei Zeugen.

Wenn der Erblasser die Notsituation überlebt, verliert das Nottestament nach Ablauf von drei Monaten seine Gültigkeit. Dann muß er neu testieren.

Tip

Jeder, der ein Testament findet, ist verpflichtet, es unverzüglich beim Nachlaßgericht abzuliefern. Wer ein Testament errichtet, sollte dafür sorgen, daß das Testament bei einer Vertrauensperson sicher, z. B. im Banksafe, verwahrt wird. Es besteht auch die Möglichkeit, das Testament beim Amtsgericht in Verwahrung zu geben.

→ *Ehegattentestament*, → *Erbvertrag*

Testamentsanfechtung

Unter besonderen Voraussetzungen kann ein → *Testament* durch Angehörige des Erblassers angefochten werden, die bei Wegfall des Testaments → *Erbe* würden, und zwar:

- wenn der Erblasser über den Inhalt seiner Erklärung im Irrtum war oder eine Erklärung des Inhalts überhaupt nicht abgeben wollte und anzunehmen ist, daß er die Erklärung bei Kenntnis der Sachlage überhaupt nicht abgegeben haben würde (Fälle des Verschreibens oder Versprechens),
- wenn der Erblasser zu der Verfügung durch die irrige Annahme oder Erwartung des Eintritts oder Nichteintritts eines Umstandes bestimmt worden ist (z. B. die Erwartung, daß künftige Unstimmigkeit zwischen Erblasser und Bedachtem ausbleiben oder die Erwartung künftigen Wohlverhaltens des Erben gegenüber dem Erblasser),
- wenn der Erblasser widerrechtlich durch Drohung bestimmt worden ist (Drohung einer Pflegerin, den Erblasser hilflos sterben zu lassen, falls er sie nicht bedenke),
- wenn der Erblasser einen zur Zeit des Erbfalls vorhandenen Pflichtteilsberechtigten übergangen hat, dessen Vorhandensein ihm bei der Errichtung der Verfügung nicht bekannt war, oder der erst nach der Errichtung geboren oder pflichtteilsberechtigt geworden ist (z. B. Übergehen eines erst nach Testamentserrichtung geborenen Kindes).

Die Anfechtung hat gegenüber dem Nachlaßgericht zu erfolgen, und zwar innerhalb eines Jahres ab Kenntnis des Anfechtungsgrundes. Stets ist die Beweislast besonders zu prüfen. Grundsätzlich trifft sie denjenigen, der das Testament anficht.
Bei Anfechtung wegen Übergehung eines → *Pflichtteil*sberechtigten müssen allerdings die eingesetzten Erben beweisen, daß der Erblasser auch bei Kenntnis der Sachlage so testiert hätte wie geschehen.

Eine besondere Anfechtungsmöglichkeit ergibt sich bei → *Erbunwürdigkeit* des Erben.

Testamentsnichtigkeit

Von Anfang an nichtig ist ein → *Testament* insbesondere in folgenden Fällen:

- wenn es vollkommen unbestimmte, widersinnige, rechtlich und tatsächlich unmögliche Bestimmungen oder Bedingungen enthält;
- wenn sich der Erblasser bei Testamentserrichtung nicht im Vollbesitz seiner Geisteskräfte befand;
- wenn der Erblasser versehentlich nicht notiert hat, wer als Erbe eingesetzt ist;
- wenn das Testament gegen die guten Sitten verstößt: Das Bestehen eines außerehelichen Liebesverhältnisses reicht nicht aus. Nur wenn die Zuwendung ausschließlich den Zweck verfolgt, geschlechtliche Hingabe zu belohnen oder zu fördern, ist das Testament nichtig. Entsprechendes gilt für Partner homoerotischer Beziehungen. Zuwendungen an einen Ehebruchspartner stellen grundsätzlich keine Belohnung für geschlechtliche Hingabe dar. Testamentarische Zuwendungen zugunsten einer Geliebten sind in der Regel wirksam;
- wenn der Erblasser nicht testierfähig war, insbesondere wenn er nicht im Vollbesitz seiner geistigen Kräfte war;
- wenn bei Errichtung des Testaments gegen zwingende gesetzliche Formvorschriften verstoßen wurde (z. B. Vorschriften des Beurkundungsgesetzes oder Sondervorschriften beim Nottestament → *Testament*);
- wenn ein Heimbewohner ein Testament zugunsten des Heimträgers errichtet; das Gesetz über Altenheime, Altenwohnheime und Pflegeheime für Volljährige verbietetet generell die Annahme von Vermögensvorteilen;
- wenn der Erblasser ein Testament zugunsten Bediensteter staatlicher Altenpflegeeinrichtungen errichtet (hier wird ein Verstoß gegen die Vorschriften des Bundesangestelltentarifs, des Bundesbeamtengesetzes und des Beamtenrahmengesetzes gesehen).

Testamentsvollstrecker

Der Erblasser kann durch → *Testament* einen oder mehrere Testamentsvollstrecker ernennen. Die Bestimmung der Person kann der Erblasser aber auch einem Dritten oder auch dem Nachlaßgericht überlassen. Die Ernennung eines Testamentsvollstreckers ist dann sinnvoll, wenn die Ausführung der letztwilligen Bestimmungen des Erblassers nach seinem Tod der Durchsetzung durch einen Vertrauensmann des Erblassers bedarf. Er hat den Nachlaß in Besitz zu nehmen, zu verwalten und die Auseinandersetzung zu bewirken, wenn mehrere Erben vorhanden sind. Während dieser Zeit können die Erben über Nachlaßgegenstände nicht verfügen.

Der Testamentsvollstrecker muß über den von ihm verwalteten Nachlaß ein Verzeichnis erstellen und für eine ordnungsgemäße Verwaltung Sorge tragen. Er kann sein Amt gegenüber dem Nachlaßgericht jederzeit kündigen. Entlassen werden kann er nur aus wichtigen Gründen.
Der Testamentsvollstrecker hat Anspruch auf eine angemessene Vergütung aus dem Nachlaß, falls dies nicht im Testament ausgeschlossen ist. Er erhält üblicherweise eine sog. Konstituierungsgebühr für die Errichtung des Nachlaßverzeichnisses und Inbesitznahme des Nachlasses in Höhe von 1 – 4 % des Bruttonachlasses sowie eine Verwaltungsgebühr. Wenn sich an die Konstituierung eine längere Verwaltung anschließt, beträgt die Verwaltungsgebühr 1/3 – 1/2 % des Bruttowertes des Nachlasses als Gesamtgebühr oder 2 – 4 % des Jahresbetrags der laufenden Einkünfte als periodische Gebühr.

Ergänzend: → *Vollmacht*

Thrombose (venös)

Eine akute Thrombose (= akuter Verschluß meist durch Blutgerinnsel) der tiefen Beinvene ist nicht zu unterschätzen. Jede tiefe Venenthrombose birgt die Gefahr einer Lungenembolie, die tödlich verlaufen kann. Sie ist zu unterscheiden von einer oberflächlichen Venenentzündung (→ Varikosis).

Eine Thrombose entsteht meist nach Operationen, Unfällen, Infekten oder längerer Bettruhe. Erste Symptome sind spontane Schmerzen im Bein (5 x häufiger links als rechts) sowie Schwellung (Umfangszunahme) und Überwärmung. Die Haut am betroffenen Bein ist meist glänzend und eventuell bläulich eingefärbt. Gleichzeitig treten häufig Fieber und allgemeines Unwohlsein auf.

Eine sofortige Krankenhauseinweisung ist notwendig, da durch strikte Bettruhe und medikamentöse Versorgung das Risiko einer Lungenembolie gesenkt werden muß. Eine Lungenembolie entsteht durch Loslösung eines Blutkoagels, welches durch die rechten Herzkammern in die Lunge gelangt und dort zu einem partiellen Lungenausfall führen kann.

Als Folgeschaden einer tiefen Beinvenenthrombose kann das sog. postthrombotische Syndrom entstehen, welches zu sekundären Varizen (→ *Krampfadern*) führen kann (→ *Varikosis*). Siehe auch zur Unterscheidung die → *arterielle Verschlußkrankheit*, da diese ebenfalls mit einem plötzlichen Beinschmerz einhergeht.

Tierversicherungen

Viele Tierbesitzer wissen nicht, daß es für Hunde und Katzen auch eine spezielle **Krankenversicherung** gibt. Hierbei kann man den Tierarzt selbst wählen, und die Versicherung zahlt 80 % jeder Tierarztrechnung für ambulante und stationäre Behandlung. Außerdem werden auch Impfkosten bis zu 50 DM im Jahr erstattet. Die Krankenscheine für den Hund bzw. für die Katze bekommt der Versicherungsnehmer mit der Police zugesandt. Voraussetzung ist, daß der Hund bzw. die Katze mindestens vier Monate bzw. höchstens fünf Jahre alt ist.

Außerdem gibt es eine Tierlebensversicherung. Die Versicherungssumme wird fällig bei Tod oder notwendiger Einschläferung durch Krankheit, Unfall, Vergiftung, Trächtigkeit oder Geburt und bei Entwendung. Bei einer Versicherungssumme von 1.000 DM zahlt dann die Versicherungsgesellschaft 80 % der gewählten Versicherungssumme aus.

Tip

Sollte man an einer solchen Tierversicherung Interesse haben, wende man sich z. B. u. a. an die Uelzener Versicherungsgesellschaft, Postfach 7 29, 3110 Uelzen 1, Tel.-Nr. 05 81-8 07 00.

Unfallversicherung

Grundsätzlich ist auch für den Jungsenior bzw. einen Senior eine Unfallversicherung eine sinnvolle Sache. Es muß jedoch dabei beachtet werden, daß man nicht mehr versichert als nötig. Bei einer Unfallversicherung sollte man nur zwei Versicherungssummen wählen:

1. Invaliditätssumme,
2. Unfalltodsumme.

Mit 50 Jahren sollte die Invaliditätssumme als Faustregel ca. das dreifache Jahreseinkommen betragen. Bei der Invaliditätssumme sollte auch eine Progression von mindestens 225 % vereinbart werden. Dabei ist zu beachten, daß die Progression schon ab dem Invaliditätsgrad in Höhe von 25 % eingreift. Eine Progression, die erst bei 90 % Invalidität eingreift, ist nicht sinnvoll.
Die Unfalltodversicherung sollte in Höhe von 10 % der Invaliditätsversicherungssumme vereinbart werden. Die Unfalltodversicherung ist zwar grundsätzlich nicht notwendig, jedoch sollte sie aus praktischen Erwägungen mitversichert werden. Hat z. B. der Versicherungsnehmer einen sehr schweren Unfall und ist es noch ungewiß, ob er aufgrund der Unfallfolgen innerhalb eines Jahres sterben wird, so hätte er keinen Anspruch auf die Versicherungsleistung aus der Invaliditätsversicherungssumme. Die Versicherungsgesellschaft wird, wenn die Unfalltodversicherung nicht mitversichert ist, noch nicht leisten, sondern den Gang der Genesung abwarten. Aus diesen Gründen, damit der Versicherungsnehmer sofort einen Vorschuß in Höhe der Unfalltodversicherung bekommt, sollte diese mitversichert werden.

Alle anderen Versicherungsmöglichkeiten im Bereich der Unfallversicherung, wie z. B. das Unfallkrankenhaustagegeld, das Unfalltagegeld mit eventuellen Genesungsgeldern und sonstigen Extras wie z. B. auch Übergangsentschädigung sind nicht unbedingt notwendig.

Tip

Nicht notwendige Versicherungen sollten auch nicht mit eingeschlossen werden. Wurden diese Zusatzversicherungen in den Unfallversicherungsvertrag mit eingeschlossen, so sollten diese zum nächstmöglichen Zeitpunkt gekündigt werden.

Gerade für ältere Leute ist die Unfallversicherung ein immer größeres Ärgernis, da die meisten Versicherungsgesellschaften ältere Leute nur bis zu einem Lebensalter von 60 Jahren aufnehmen bzw. bei einem Lebensalter von 75 Jahren den Vertrag dann aufkündigen. Beispielsweise der Deutsche Lloyd, Postfach 20 06 23, 8000 München 2, Tel.-Nr. 0 89-59 08-0, hat u. a. ein besonderes Programm für 60 bis 70jährige aufgelegt. Hier hat man auch als Senior die Möglichkeit, sich wegen Unfällen zu versichern. Ein weiterer Vorteil ist, daß hier eine unveränderte Vertragsfortführung auch über das 75. Lebensjahr hinaus möglich ist.

Die Versicherungsgesellschaft Neurotterdam, Innere Kanalstr. 69, 5000 Köln 30, Tel.-Nr. 02 21-57 90 20, hat z. B. im Rahmen der normalen Unfallversicherung mit unabhängigen Vermittlern eine Unfallversicherung mit besonderen Bedingungen aufgelegt. Hier ist z. B. die Alkoholklausel ausgeschlossen, d. h., die Unfallversicherung muß auch dann leisten, wenn der Unfall unter Alkoholeinfluß passiert ist; nur bei dem Führen eines Kfz gilt die Einschränkung bis 1,3 Promille.

Unterhalt

Grundsätzlich sind alle in gerader Linie Verwandte gegenseitig zur Unterhaltsleistung verpflichtet und berechtigt, also die Eltern und Großeltern gegenüber den Kindern und Enkelkindern und umgekehrt. Daß bei Enkeln und Urenkeln in aller Regel eine Unterhaltspflicht nicht in Betracht kommt, ist keine Frage des rechtlichen Müssens, sondern eine Frage des wirtschaftlichen Könnens.
Die Reihenfolge der Unterhaltsverpflichtung ist gesetzlich festgelegt. An erster Stelle steht der Ehegatte; es folgen die Abkömmlinge und zuletzt die Verwandten der aufsteigenden Linie, jeweils nach dem Grad der Verwandtschaft. Nachrangig Verpflichtete haften nur, wenn der Lebensbedarf des Berechtigten nicht durch die vorrangig Leistungspflichtigen gedeckt werden kann.
Kinder müssen nur Unterhalt gewähren, wenn der Ehegatte nicht leistungsfähig ist, Enkelkinder erst dann, wenn die Kinder nicht zahlen können. Im gleichen Rang Verpflichtete (z. B. zwei Kinder) haften nicht quotenmäßig je zur Hälfte, sondern vielmehr anteilig entsprechend ihren Einkommens- und Vermögensverhältnissen. Die Abkömmlinge sind vor den Verwandten der aufsteigenden Linie unterhaltspflichtig. Umgekehrt ist unterhaltspflichtig jeder Elternteil vor den Großeltern.

Wer eine unterhaltsrechtliche Auseinandersetzung mit nahen Verwandten scheut, kann → *Sozialhilfe* beantragen und es dem Sozialamt überlassen, Unterhaltsansprüche überzuleiten und gegen die nahen Verwandten geltend zu machen.
Für die Höhe des Unterhaltsanspruchs eines Großelternteils gegenüber den Kindern oder gar den Enkelkindern gibt es keine festen Tabellen. Hier kommt es auf die Bedürftigkeit des Berechtigten an (unter Berücksichtigung seines Vermögens und Einkommens) sowie auf die Leistungsfähigkeit des Verpflichteten (ebenfalls unter Berücksichtigung dessen Vermögens und Einkommens). Für nichteheliche und eheliche Kinder in den alten Bundesländern sieht die **Düsseldorfer Tabelle** folgende Werte vor:

Altersstufe		bis Volldg. 6. Lbj.	v. 7 bis Volldg. 12. Lbj.	v . 13. bis Volldg. 18. Lbj.
	Nichteheliche Kinder nach VO 1988	251	304	360
Gruppe	Eheliche Kinder nach Nettoeinkommen des Unterhalts-pflichtigen in DM			
1	bis 2.100	251	304	360
2	2.100-2.400	270	325	385
3	2.400-2.800	295	360	425
4	2.800-3.400	330	400	475
5	3.400-4.000	365	440	525
6	4.000-4.800	420	510	605
7	4.800-5.800	480	580	685
8	5.800-7.000	545	660	785
	über 7000	nach den Umständen des Falles		

Die Werte dieser Tabelle beziehen sich auf den Regelfall, daß einem Ehegatten und zwei Kindern Unterhalt zu gewähren ist. Der Unterhaltsanspruch des Ehegatten wird in der Regel in Höhe von 3/7 der Differenz zwischen den Nettoeinkommen beider Ehegatten berechnet, und zwar nach Abzug des Kindesunterhalts (ohne Kürzung um das Kindergeld).

Unterstützungsleistungen

→ *Außergewöhnliche Belastungen*

Unverlangte Sendungen

Wem eine Ware zugeschickt wird, die er gar nicht bestellt hat, muß diese nicht bezahlen, nicht einmal zurückschicken. Allerdings muß er sie aufbewahren, um dem Absender Gelegenheit zu geben, die Ware in angemessener Frist wieder abzuholen.

Varikosis

Es werden zwei Arten von Krampfadern unterschieden:

Primär-(idiopathische) Varizen

Sie entstehen durch Bindegewebsschwäche (angeboren), Schwangerschaften, stehende Tätigkeiten. Betroffen sind meist die oberflächlichen Venen der Beine. Durch Erschlaffung kommt es zur Vorwölbung der Venen nach außen, mangelnden Blutabtransport und zu Hautveränderungen.
Therapeutisch wirksam ist im Frühstadium die Kompressionsbehandlung mit elastischen Stützstrümpfen. Im fortgeschrittenen Stadium kann man die Varizen veröden (sklerosieren lassen; Rezidivquote in 5 Jahren: 40 - 80 %) oder strippen lassen. Unter Strippen versteht man das komplette Herausziehen der Vene (Rezidivquote in 10 Jahren: 5 %).

Sekundäre Varizen (symptomatische)

Darunter versteht man Krampfadern, die infolge einer venösen → *Thrombose* oder durch Traumen entstanden sind. Häufig sind hier die tiefen Beinvenen betroffen. Typische Symptome sind krampfartiger Wadenschmerz, Beinverdickung sowie der typische Ulcus cruris (offenes Bein; meist an der Innenseite des Unterschenkels).

Therapeutisch läßt sich die tiefe Veneninsuffizienz kaum beeinflussen. Behandelt wird symptomatisch, vor allem bei offenen Beinwunden, die häufig schlecht verheilen.

Verlust von Urkunden

Gehen Sparbücher einer Bank oder Sparkasse verloren oder wird eine solche Urkunde gestohlen, so muß man den Verlust **umgehend** dem Kreditinstitut mitteilen. Damit man dann die Konto-Nr. weiß, muß man sie vorher notiert haben. Das Kreditinstitut wird das Sparbuch sofort sperren. Solange es aber von dem Verlust nichts weiß, kann es an jeden, der das Sparbuch vorlegt, mit befreiender Wirkung auszahlen. Diese Gefahr besteht auch nach der Sperre möglicherweise im sog. freizügigen Sparverkehr, außerhalb des eigentlichen Kontonetzes des Kreditinstituts. Deshalb ist es zweckmäßig, ein Kennwort zu vereinbaren, das gewußt werden muß, um Auszahlung zu erhalten.

Das verlorengegangene Sparbuch kann in einem besonderen Aufgebotsverfahren durch das zuständige Amtsgericht für kraftlos erklärt werden. Dann ist niemand mehr berechtigt, aus der Urkunde Rechte herzuleiten. Dieses Verfahren dauert längere Zeit. Deshalb besteht die Möglichkeit, daß das Amtsgericht auf Antrag eine Zahlungssperre erläßt, so daß an den derzeitigen Inhaber des Sparbuchs nicht mehr geleistet werden darf.

In entsprechender Weise kann eine andere Urkunde im Verlustfall für kraftlos erklärt werden, z. B. ein Grundschuldbrief, eine Aktie, ein Scheck oder ein Lotterielos. Für Postsparbücher gilt ein besonderes Verfahren der Kraftloserklärung nach der Postsparkassenordnung. Auch hier ist natürlich eine sofortige Mitteilung an das nächste Postamt notwendig.

Tip

Gehen sog. Legitimationszeichen verloren (Reparaturscheine, Gepäckscheine, Garderobenmarken, etc.), muß schnell gehandelt werden. Unter Vorlage des Personalausweises sollte an der zuständigen Stelle der verwahrte Gegenstand möglichst genau beschrieben werden, um so die Herausgabe an einen Unberechtigten zu verhindern.

Vermächtnis

Durch → *Testament* kann der Erblasser jemanden im Wege des Vermächtnisses einen einzelnen Gegenstand oder einen bestimmten Geldbetrag zuwenden, und zwar z. B. mit folgendem Zusatz:

> *Weiter setze ich folgende Vermächtnisse aus:*
>
> *1. Mein Freund Paul Schulze erhält in dankbarer Erinnerung an gemeinsame Stunden 10.000 D.M.*
>
> *2. Meine Nichte Eva Meier erhält für ihre liebevolle Zuwendung den Perserteppich vor meinem Schreibtisch im Herrenzimmer.*

Das Eigentum an diesen Zuwendungen erhält der Vermächtnisnehmer nicht schon mit dem Erbfall, sondern erst dann, wenn die Erben das Vermächtnis tatsächlich erfüllen, z. B. eine Sache übergeben.

Vermietung und Verpachtung von Grundbesitz

Die Gewinne hieraus unterliegen der Einkommensteuer und in besonderen Fällen der Gewerbesteuer. Von der → Umsatzsteuer sind die Einnahmen grundsätzlich befreit. Es besteht jedoch die Möglichkeit, zur Steuerpflicht zu optieren, wenn die Vermietung an einen anderen umsatzsteuerpflichtigen Unternehmer für dessen Unternehmen ausgeführt wird.

Der Vermieter muß nachweisen, daß das Grundstück weder Wohnzwecken noch anderen nichtunternehmerischen Zwecken dient. Vorteil der Option ist, daß der Vermieter dann vorsteuerabzugsberechtigt ist. An die Optierung ist er nicht gebunden; allerdings erfolgt eine Vorsteuerabzugsberichtigung, wenn er die Option nicht mindestens zehn Jahre lang durchhält.

Der Gewinn bzw. der Verlust bei der Einkunftsart Vermietung und Verpachtung wird ermittelt aus den Einnahmen nach Abzug der → *Werbungskosten*. Zur eigengenutzten Wohnung → *Wohneigentum*.

Vermögensbildungsgesetz

Oft laufen viele Sparverträge über das Vermögensbildungsgesetz bei Jungsenioren aus. In der Zwischenzeit hat aber der Gesetzgeber die Förderungsbeträge bzw. die Höhe der Arbeitnehmersparzulage geändert. Aus diesen Gründen stellt sich oft die Frage, wie die vermögenswirksamen Leistungen dann am besten angelegt werden können.

Das Vermögensbildungsgesetz sieht grundsätzlich vier Anlageformen vor:

1. Sparvertrag bei den Kreditinstituten
2. Lebensversicherungen
3. Bausparvertrag
4. Beteiligungssparen bzw. Investmentsparen.

Aus der Übersicht in Abschnitt 3.3 kann man die Vor- und Nachteile der verschiedenen Anlageformen entnehmen.

Gerade für Jungsenioren, die über der Einkommensgrenze für die Arbeitnehmersparzulage liegen, stellt sich die Frage, wieweit sich das Sparen über das Vermögensbildungsgesetz lohnt. Bekommt man keine Arbeitnehmersparzulage, weil man über den Einkommensgrenzen liegt, so ist es nicht sinnvoll, noch selbst zum Arbeitgeberanteil etwas dazuzusparen. Hier würde man sonst seine eigenen Gelder festlegen, ohne vom Staat eine Förderung zu bekommen.
Oft zahlt der Arbeitgeber nur 26 DM oder 39 DM dazu, so daß man überlegen muß, welche Anlageform am besten gewählt werden soll.
Beim → *Investmentsparen* bzw. beim Banksparen lauten die Sparverträge meistens über mindestens 52 DM pro Monat. Bei der → *Lebensversicherung* ist grundsätzlich auch ein monatlicher Sparbeitrag von 13 DM möglich. Hier besteht jedoch die lange Laufzeit von 12 Jahren. Somit käme gerade bei Kleinsparbeiträgen ein → *Bausparvertrag* in Frage.

Vermögenssteuer

Die Vermögenssteuer ist in den fünf neuen Bundesländern gar nicht mehr eingeführt worden. In der Bundesrepublik selbst wird sie nach den Plänen der Bundesregierung doch beibehalten werden. Also wird in der ehemaligen Bundesrepublik das steuerpflichtige Vermögen noch nach den Vorschriften des Bewertungsgesetzes ermittelt und mit 0,5 % bei natürlichen Personen bzw. mit 0,6 % bei Körperschaften besteuert.

Im Gegensatz zur Einkommensteuer sieht das Vermögenssteuergesetz für unbeschränkt steuerpflichtige Ehegatten und unbeschränkt steuerpflichtige Kinder unter 18 Jahren die Zusammenveranlagung vor. Dadurch kommt dem Familienvermögen auch der Freibetrag jedes Kindes zugute, der ebenso wie für jeden Elternteil 70.000 DM beträgt.

Ein weiterer Freibetrag von 10.000 DM wird dem Steuerpflichtigen gewährt, wenn er das 60. Lebensjahr vollendet hat oder voraussichtlich für mindestens 3 Jahre schwerbehindert (mindestens 90 % Minderung der Erwerbsfähigkeit) ist und das Gesamtvermögen nicht mehr als 150.000 DM (im Falle der Zusammenveranlagung von Ehegatten 300.000 DM) beträgt. Sind beide Ehegatten mindestens 60 Jahre alt oder schwerbehindert (mindestens 90 % Minderung der Erwerbsfähigkeit), so wird der Freibetrag auf 20.000 DM erhöht.
Wenn der Steuerpflichtige das 65. Lebensjahr vollendet hat oder für mindestens drei Jahre erwerbsunfähig ist und das Gesamtvermögen nicht mehr als 150.000 DM (im Fall der Zusammenveranlagung von Ehegatten 300.000 DM) beträgt und wenn bestimmte, von der Vermögenssteuer befreite Renten keinen höheren Jahreswert als 4.800 DM haben, erhöht sich der Freibetrag sogar auf 50.000 DM. Wenn diese Voraussetzungen bei beiden Ehegatten vorliegen und die steuerfreien Renten nicht mehr als insgesamt 9.600 DM betragen, wird der Freibetrag auf 100.000 DM erhöht. Günstigstenfalls können danach Ehegatten Freibeträge haben in Höhe von 2 x 70.000 DM und 2 x 50.000 DM, insgesamt also 240.000 DM.

Vertrag zugunsten Dritter für Sparbuch-Depotkonten und Lebensversicherungen

Der Erblasser hat die Möglichkeit, einen Teil seines Vermögens auch außerhalb des Nachlasses einer von ihm zu bestimmenden Person zuzuwenden. Diese braucht auch nicht unbedingt dem Kreis der → Erben anzugehören, sondern es kann z. B. jemand sein, der ihn besonders gepflegt hat. Meist werden diesem dann das Bankguthaben, d. h. Sparbücher, Wertpapierdepots oder Lebensversicherungen zugewendet.

Obwohl dieser Erwerb solcher Konten zivilrechtlich nicht zum Nachlaß des Erblassers gehören, unterliegen sie trotzdem der → *Erbschaftssteuer.*

Sparbücher und Wertpapierdepots

Der Erblasser kann bei einem Kreditinstitut ein Sparbuch oder ein Depot zugunsten einer bestimmten Person eröffnen. Hierfür haben die Kreditinstitute bestimmte Antragsformulare vorbereitet. Danach ist vorgesehen, daß die Verfügungsrechte über ein bestimmtes Sparbuch oder Wertpapierdepot mit dem Tode des Kontoinhabers bzw. Depotinhabers auf die begünstigte Person übergehen. Es besteht aber auch die Möglichkeit, daß zu einem festen Zeitpunkt wie z. B. Heirat der begünstigten Person oder Volljährigkeit oder Abschluß des Studiums oder der Berufsausbildung, darüber verfügt werden kann.

Bis zu diesem vereinbarten Zeitpunkt bzw. bis zum Todesfall ist der Erblasser allein verfügungsberechtigt. Allein aus dem Umstand, daß ein Sparbuch auf den Namen eines Dritten angelegt wird, kann jedoch nicht hergeleitet werden, daß die Forderung aus dem Sparbuchguthaben von Anfang an durch Vertrag zugunsten des Dritten zugewendet werden soll. Behält der Sparer, also der Erblasser, trotz der Bezeichnung des Dritten als Bezugsberechtigtem das Sparbuch ein, dann ist im Regelfall davon auszugehen, daß er sich die Verfügungsbefugnis darüber vorbehalten will, d. h. die Forderung aus dem Sparbuch soll gerade nicht zu seinen Lebzeiten dem Dritten übertragen werden.

Tip

Zu empfehlen ist also, den Bankvertrag in Gegenwart des Begünstigten zu schließen und durch dessen Unterschrift die Annahme der Zuwendung bestätigen zu lassen.

Eigentlich bedarf ein solches Schenkungsversprechen der notariellen Beurkundung. Dieser Formmangel wird jedoch durch den Anfall der Zuwendung im Todeszeitpunkt bzw. im Falle des Eintritts eines festgelegten Zeitpunktes geheilt. Hierbei haben die Erben dann keine Widerrufsmöglichkeit mehr.

Hat jedoch der Begünstigte den Vertrag des Erblassers mit dem Kreditinstitut zu seinen Gunsten nicht mehr unterschrieben und weiß er u. U. auch nichts von seinem „Glück“, so haben die Erben die Möglichkeit, diese Zuwendung zu widerrufen, bis das Kreditinstitut dem Begünstigten das Angebot mitgeteilt hat und der Begünstigte dies auch angenommen hat.

Das gleiche gilt für einen Bausparvertrag, wenn z. B. die Großeltern für den Enkel einen Bausparvertrag abgeschlossen haben und die Sparraten darauf einzahlen.

Lebensversicherung

Schließt z. B. der Erblasser einen → *Lebensversicherungsvertrag* zugunsten einer bestimmten Person ab, so entsteht mit dem Tode des Erblassers die → *Erbschaftssteuerpflicht* in Höhe der ausgezahlten Versicherungssumme nach dem Verwandtschaftsverhältnis zum Erblasser. Diese Steuerpflicht des Versicherungsvertrages zugunsten eines Dritten setzt voraus, daß der Begünstigte bereichert wird. Zahlt der Begünstigte die Prämien selbst, kann keine Erbschaftssteuer erhoben werden (→ *Erbschaftssteuer*).

Versicherungen

→ *Beratungsmöglichkeiten*, → *Beschwerden*, → *Direktversicherung*, → *Erschaftssteuerversicherung*, → *Fortführung der Lebensversicherung*, → *Glasversicherung*, → *Grabpflegeversicherung*, → *Haftpflichtversicherung*, → *Haus- und Grundbesitz-Haftpflichtversicherung*, → *Hausratversicherung*, → *Hundehaftpflichtversicherung*, → *Kraftfahrzeugversicherung*, → *Krankenhaus-Zusatzversicherung*, → *Krankenhaustagegeld*, → *Krankenkassen (gesetzliche)*, → *Krankenversicherung (gesetzliche) der Rentner*, → *Krankenversicherung im Vorruhestand*, → *Lebensversicherungen*, → *Lebensversicherungsvertrag*, → *Öltankversicherung*, → *Pflegeversicherung*, → *Prämiendepot*, → *Rechtsschutzversicherung* → *Reisegepäckversicherung*, → *Risikoversicherung*, → *Sterbegeldversicherung*, → *Tierversicherungen*, → *Unfallversicherung*, → *Vertrag zugunsten Dritter*, → *Wohngebäudeversicherung*, → *Zuzahlungen zu Lebensversicherungen*

Vollmacht

Ein Senior sollte rechzeitig eine Person seines Vertrauens zur Wahrnehmung seiner Vermögensinteressen bevollmächtigen, mindestens durch eine Sondervollmacht, eventuell auch durch eine Generalvollmacht.

Sondervollmacht
Ich bevollmächtige hiermit meinen Freund Paul Schulze, nach meinem durch die Sterbeurkunde zu belegenden Tode über mein Konto Nr. 114 380 bei der Stadtsparkasse Freiburg zu verfügen.
Freiburg, den 1.3.1991 gez. Rolf Lehmann

Generalvollmacht
Ich erteile hiermit meiner Nichte Eva Meier als Vollmacht auf den Todesfall mit Wirkung über meinen Tod hinaus Generalvollmacht für alle Rechtsgeschäfte und alle Rechtshandlungen, bei denen gesetzlich eine Vertretung möglich ist. Die Bevollmächtigte ist befugt, die Vollmacht ganz oder zum Teil auf andere zu übertragen.
Freiburg, den 1.3.1991 gez. Rolf Lehmann

Jede Vollmacht kann vom Vollmachtgeber jederzeit widerrufen werden, falls sie nicht unwiderruflich erteilt worden ist. Auch die → *Erben* können die Vollmacht widerrufen durch sofortige Erklärung gegenüber dem Bevollmächtigten.

Soll die Vertrauensperson über einen solchen Widerruf hinaus wirken, muß sie vom Erblasser zum → *Testamentsvollstrecker* bestellt worden sein.

Voraus

Unabhängig von seinem Erbteil und ohne Rücksicht auf den Güterstand erhält der überlebende Ehegatte (→ *Ehegattenerbrecht*) den sog. Voraus als gesetzliches → *Vermächtnis.*
Der Voraus besteht in den zum ehelichen Haushalt gehörenden Gegenständen, soweit sie nicht Zubehör eines Grundstückes sind, sowie in den Hochzeitsgeschenken. Meist wird hiervon bereits ein Teil dem überlebenden Ehegatten gehören, so daß die Gegenstände gar nicht in den Nachlaß des Verstorbenen gehören.

Vorausvermächtnis

→ *Teilungsanordnung*

Vorerbe

Der Erblasser kann einen → *Erben* in der Weise durch → *Testament* einsetzen, daß dieser erst Erbe (Nacherbe) wird, nachdem zunächst ein anderer Erbe (Vorerbe) geworden ist.

> *Mein letzter Wille*
>
> *Meine Ehefrau Eva setze ich zur alleinigen Vorerbin ein. Nacherben sollen meine beiden Kinder Max und Moritz sein. Der Nacherbfall tritt ein mit dem Tod der Vorerbin oder mit deren Wiederverheiratung.*
>
> *Freiburg, den 1.4.1991*
>
> *Martin Schulze*

Der Nacherbe ist dann nicht Erbe des Vorerben, sonden vielmehr wie der Vorerbe Erbe und Rechtsnachfolger des Erblassers. Erbschaftssteuerrechtlich ist allerdings der Erwerb des Nacherben als vom Vorerben stammend zu versteuern, wenn die Nacherbschaft mit dem Tod des Vorerben eintritt. Auf Antrag ist der Versteuerung jedoch das Verwandtschaftsverhältnis zum Erblasser zugrunde zu legen, falls dies für den Nacherben günstiger ist.

Der gewöhnliche Vorerbe hat ein freies Verwaltungs- und Verfügungsrecht. Ausgenommen sind Verfügungen über Grundstücke und Grundstücksrechte. Von diesen gesetzlichen Beschränkungen kann der Erblasser den Vorerben weitgehend befreien. Der befreite Vorerbe kann dann auch über Grundstücke und Grundstücksrechte verfügen.

Der Vorerbe hat den Nachlaß ordnungsgemäß zu verwalten. Ihm stehen die Nutzungen während der Vorerbschaftszeit zu. Ist im Testament nichts

bestimmt, tritt der Nacherbfall mit dem Tod des Vorerben ein. Im → *Ehegattentestament* kann z. B. bestimmt werden, daß der Überlebende Vorerbe und nach seinem Tode die Kinder Nacherben werden (s. obiges Beispiel).
Zur deutsch-deutschen Rechtsproblematik → *gesetzliche Erbfolge.*

Vormundschaft

Ein Vormund kann durch das Amtsgericht – Vormundschaftsgericht – sowohl für Minderjährige als auch für Volljährige bestellt werden.
Ein Volljähriger erhält einen Vormund, wenn er entmündigt ist (→ *Entmündigung*). Dabei ist es gleichgültig, aus welchem Grunde die Entmündigung erfolgt. Der Vormund hat hierbei die Personensorge nur wahrzunehmen, soweit der Zweck der Vormundschaft es erfordert.
Ein Volljähriger, dessen Teilentmündigung beantragt ist, kann unter vorläufige Vormundschaft gestellt werden (zum neuesten Stand → *Betreuungsgesetz*).

Vorruhestandsgesetz

→ *Altersteilzeitgesetz*

Vorsorgeaufwendungen

Vorsorgeaufwendungen sind → Sonderausgab*en* mit bestimmten Höchstbeträgen. Hierbei handelt es sich im einzelnen um:

1. Beiträge zu Kranken-, Unfall- und Haftpflichtversicherungen, zu den gesetzlichen Rentenversicherungen und an die Bundesanstalt für Arbeit;

2. Beiträge zu den folgenden Versicherungen auf den Erlebens- oder Todesfall:
   - → *Risikoversicherungen*, die nur für den Todesfall eine Leistung vorsehen,
   - Rentenversicherungen ohne Kapitalwahlrecht (Rentenberechtigter kann nicht wahlweise eine Kapitalzahlung verlangen),

- Rentenversicherungen mit Kapitalwahlrecht gegen laufende Beitragsleistungen (Mindestvertragsdauer 12 Jahre),
- Kapitalversicherungen gegen laufende Beitragsleistungen mit Sparanteil (Mindestvertragsdauer 12 Jahre).

3. 50 v. H. der an Bausparkassen zur Erlangung von Baudarlehen geleisteten Beiträge (Mindestvertragsdauer 10 Jahre), sofern kein Anspruch auf eine Arbeitnehmer-Sparzulage besteht.

Voraussetzung für die steuerliche Abzugsfähigkeit dieser Vorsorgeaufwendungen ist, daß sie nicht im Zusammenhang mit steuerfreien Einnahmen stehen (nicht abzugsfähig sind z. B. steuerfreie Zukunftssicherungsleistungen des Arbeitgebers) und daß die Beiträge an ein inländisches Versicherungsunternehmen oder an eine inländische Bausparkasse geleistet werden.
Besonders kennzeichnend für die Vorsorgeaufwendungen ist die komplizierte und wiederholt wechselnde Regelung über die Höchstbeträge:
Für Versicherungsbeiträge gemäß Ziffer 1 und 2 wird ein sogenannter Vorwegabzug gewährt in Höhe von 4.000 DM bzw. für Ehegatten in Höhe von 8.000 DM. Diese Vorwegabzugsbeträge werden um die steuerfreien Leistungen Dritter zur Alters- und Krankenversorgung insbesondere um die steuerfreien Arbeitgeberanteile zur gesetzlichen Rentenversicherung und Krankenversicherung gekürzt.

Den Vorwegabzug übersteigende Vorsorgeaufwendungen sind bis zum sog. Grundhöchstbetrag abzugsfähig. Dieser beträgt 2.340 DM (bei zusammen veranlagten Ehegatten 4.680 DM).

Übersteigt die Summe der Versicherungsbeiträge und der Bausparbeiträge den Vorwegabzugsbetrag und den Grundhöchstbetrag, so ist der Mehrbetrag zur Hälfte, höchstens jedoch mit 1.170 DM (bei Verheirateten 2.340 DM) abzugsfähig.

Tip

Steuerpflichtige mit Einkünften aus nichtselbständiger Arbeit wird zur Abgeltung ihrer Vorsorgeaufwendungen bestehenden Sonderausgaben eine sog. Vorsorgepauschale gewährt. Diese beträgt einheitlich 18 v. H. des Arbeitslohns. Der Abzug ist jedoch begrenzt auf die Höhe des genannten Vorwegabzugsbetrags, Grundhöchstbetrags und hälftigen Höchstbetrags. Der Nachweis höherer Aufwendungen ist möglich.

Vorsteherdrüse

→ *Prostata*

Wasserlassen

Störungen im Zusammenhang mit dem Wasserlassen sind im Alter häufig. Hier nur die zwei wichtigsten Symptome, die Anlaß zu einem Arztbesuch geben sollten. Unter dem Stichwort → *Prostata* wurde schon eingehend über männliche Miktionsprobleme geschrieben.

Ein typisches Symptom der Frau hingegen ist der unwillkürliche (also ohne eigenen Willen) Harnverlust. Anfangs nur beim Lachen, Husten oder Niesen, später beim Bücken, Treppensteigen. Im Endstadium sogar in Ruhe (z. B. Liegen). Dieser Harnabgang ist bedingt durch Erschlaffung des Bindegewebes im Beckenraum. Die Gebärmutter senkt sich und drückt auf die Blase. So übersteigt der Harnblasendruck den Harnröhrendruck, und es kommt zum Urinabgang. Gerade bei Frauen nach mehreren Schwangerschaften ist dies ein häufiges Symptom.

Wegen der Unsicherheit in diesem mit Scham besetzten Thema gehen die Frauen häufig lange nicht zum Arzt, obwohl eine Therapie einfach und erfolgversprechend wäre. In einer kleinen Operation kann das Scheidengewölbe angehoben werden und so die Blase entlasten.

Eine andere Störung des Wasserlassens, welche sowohl Frauen als auch Männer betrifft, wurde schon kurz unter dem Stichwort → *Dickerwerden der Beine* angesprochen. Der Mediziner spricht von Nykturie und meint damit ein vermehrtes Wasserlassen in der Nacht (mehr als 2 x). Die häufigste Ursache des nächtlichen Wasserlassens ist ein schwächer werdendes Herz, welches in der Nacht (in Ruhe) vermehrt die eingelagerte Flüssigkeit (in den Beinen) bewältigen kann und so die Nieren besser durchblutet werden.

Es ist auf jeden Fall ratsam, den Arzt aufzusuchen, um eine medikamentöse Therapie zu beginnen oder um noch nach einer anderen Ursache (eventuell Harnwegsinfekte) suchen zu lassen.

Werbungskosten

Dies sind Aufwendungen zur Erwerbung, Sicherung und Erhaltung von Einnahmen bei nichtbetrieblichen Einkünften, also bei

- nichtselbständiger Arbeit (Aufwendungen für Fahrten zwischen Wohnung und Arbeitsstätte, Berufskleidung, beruflich bedingte Umzugskosten etc.),
- Vermietung und Verpachtung (dadurch veranlaßte Zinsen, Versicherungen, Grundsteuer, Reparaturaufwendungen, Absetzungen für Abnutzung),
- Kapitalvermögen (dadurch veranlaßte Zinsen, Depotgebühren, Reisekosten z. B. zu einer Hauptversammlung).

Für bestimmte Berufsgruppen (Artisten, darstellende Künstler, Journalisten) gibt es Werbungskosten-Pauschsätze. Ganz allgemein gibt es bei Einnahmen aus nichtselbständiger Arbeit einen Arbeitnehmer-Pauschbetrag von 2.000 DM. Höhere Werbungskosten müssen nachgewiesen werden. Ruhegeldempfänger können Werbungskosten grundsätzlich nicht mehr geltend machen, da sie nicht mehr aktiv in einem Arbeitsverhältnis stehen. Aber z. B. die Kosten für einen Prozeß zur Klärung einer Frage aus der aktiven Tätigkeitszeit sind auch für den Ruhegeldempfänger Werbungskosten (ergänzend → *Betriebsausgaben*).

Widerruf der Schenkung

→ *Schenkung*

Wiederverheiratungsklausel

→ *Ehegattentestament*

Wohlfahrtsverbände

→ *Heimgesetz*

Wohneigentum

An die Stelle der früheren sog. Nutzungswertbesteuerung ist die sog. Konsumgutlösung getreten. Das bedeutet, daß die eigengenutzte Wohnung bzw. das eigengenutzte Einfamilienhaus einkommensteuerlich keinen Nutzungswert mehr hat, der erklärt werden müßte.
Andererseits entfällt damit auch die Möglichkeit des → *Werbungskosten*abzugs. Diese neue Situation gilt seit 1.1.1987. Vor diesem Zeitpunkt angeschaffte oder hergestellte sog. Altobjekte werden nach dem früheren Recht weiter gefördert (Sonderabschreibungen, Abschreibungen für Modernisierungsaufwand, erhöhter Zinsabzug).

Sog. Neuobjekte werden durch einen → *Sonderausgaben*abzug gefördert bis zur Hälfte der Anschaffungskosten bzw. Herstellungskosten des Gebäudes plus der Hälfte der Anschaffungskosten für den dazugehörenden Grund und Boden, maximal bis zu einem Betrag von 5 v. H. aus 300.000 DM bzw. ab 1.1.1991 330.000 DM.

Sowohl für Alt- wie auch für Neuobjekte kann bis zum Auslaufen des Begünstigungszeitraumes von insgesamt acht Jahren das sog. Baukindergeld in Anspruch genommen werden. Dieses beträgt für Altobjekte 600 DM jährlich und wird für das zweite und jedes weitere Kind gewährt; für Neuobjekte, die zwischen dem 1.1.1987 und 31.12.1989 angeschafft oder hergestellt wurden, sind es 600 DM jährlich. Es wird für jedes Kind gewährt; für Neubauobjekte, die nach dem 31.12.1989 angeschafft oder hergestellt wurden, sind dies 750 DM, ab 1.1.1991 sogar 1.000 DM pro Kind.
Für Altobjekte gibt es eine Übergangsregelung bis zum Veranlagungszeitraum 1998. Wer vor dem 1.1.1987 den Nutzungswert der eigenen Wohnung nach dem Überschuß des Mietwertes über die Werbungskosten ermittelt hat, kann diese Einkunftsermittlung fortführen. Auf diese auslaufende Möglichkeit kann unwiderruflich verzichtet werden.

Tip

Ein solcher Verzicht ist sinnvoll, wenn der Mietwert höher ist als die Werbungskosten, also regelmäßig ein Gewinn versteuert werden müßte. Ergibt sich dagegen ein Verlust, sollte die Nutzungswertbesteuerung bis längstens 1998 fortgeführt werden.

Wohngebäudeversicherung

Eine Wohngebäudeversicherung braucht eigentlich jeder Hauseigentümer, in einigen Bundesländern ist sie sogar obligatorisch. Die sog. kombinierte oder auch verbundene Wohngebäudeversicherung schützt vor Feuer-, Sturm- und Leitungswasserschäden.

Die Wohngebäudeversicherung wird in der Regel zum gleitenden Neuwert abgeschlossen, d. h. bei einem Brand eines alten Hauses wird die Summe für den Bau eines neuen Hauses gleicher Art gezahlt. Durch diese regelmäßige Anpassung steigt natürlich die Versicherungssumme bzw. der Beitrag. Der Neubauwert des Hauses wird bzw. wurde bei Antragstellung auf einen Wert von 1914 (auf die Baukosten des Jahres 1914) zurückgerechnet.

Im Jahre 1988 wurden neue Bedingungen (VGB 88) eingeführt, die die alten (VGB 62) ersetzen sollten. Ein Vorteil der neuen Bedingungen ist es, daß hier ein Unterversicherungsverzicht des Versicherers möglich ist. Die Versicherungsgesellschaft verzichtet dann auf die Unterversicherung, wenn sie selbst den Wert des Hauses per 1914 geschätzt hat. Damit im Schadensfall keine Probleme entstehen, sollte jeder Versicherungsnehmer dieses von seiner Versicherungsgesellschaft durchführen lassen.

Bei dieser Umstellung auf die neuen Bedingungen wollen viele Versicherungsgesellschaften eine höhere Prämie erzielen, da die neuen Bedingungen einen etwas weiteren Versicherungsumfang als die alten beinhalten (z. B. sind Hagelschäden automatisch mitversichert).

Tip

Im Gegensatz zu anderen Versicherungssparten ist die Prämie bei der Gebäudeversicherung relativ flexibel, d. h. man kann mit der einzelnen Versicherungsgesellschaft über die Höhe der Prämie verhandeln.

Günstige Versicherungsprämien bieten in der Regel z. B. u. a. folgende Gesellschaft an:

- Haftpflichtverband der Deutschen Industrie, Postfach 51 03 69, 3000 Hannover 51, Tel.-Nr. 05 11-64 51.

Wohnsitz im Ausland

Viele Senioren stellen sich die Frage, wo sie ihren Lebensabend später verbringen werden. Manche entscheiden sich ab dem Rentenalter für einen Dauerwohnsitz im Ausland. Hat man sich dafür entschieden, so sind folgende Punkte zu beachten:

1. Grundsätzlich ist die Änderung des Aufenthaltsortes sofort den einzelnen Rententrägern mitzuteilen.

2. Außerdem ist zu entscheiden, wie die Rente während des Auslandsaufenthaltes weiter bezogen wird. Hier hat der Rentenberechtigte die Möglichkeit, sich entweder das Geld weiterhin auf ein Konto im Inland zahlen oder auch auf ein Konto bei der entsprechenden Bank im Ausland überweisen zu lassen. Läßt man sich das Geld ins Ausland überweisen, so stellt sich das Problem, daß man dies grundsätzlich dort nur in der Landeswährung erhält.

3. Weiterhin ist zu beachten, daß man keinen Anspruch auf Rentenabfindung hat, wenn man sich ins Ausland begibt.

4. Problematisch ist es mit der Rentnerkrankenversicherung, denn diese entfällt regelmäßig für Rentenberechtigte im Ausland. Dies gilt nicht, wenn zwischen den einzelnen Ländern ein Sozialversicherungsabkommen über die Rentnerkrankenversicherung existiert.

Tip

Besondere Informationen hält die Bundesversicherunganstalt für Angestellte (BFA), Postfach, 1000 Berlin 88, bereit, und zwar über die zwischenstaatlichen Regelungen mit Österreich und der Schweiz.

Zerobonds

Zerobonds, auch Null-Coupon-Anleihen oder abgezinste Anleihen genannt, sind festverzinsliche Wertpapiere, die zu einem bestimmten Kurs ausgegeben und deren Zinsen erst am Ende der Laufzeit gezahlt werden.

Beispiel: Commerzbank 1985, Laufzeit bis zum Jahre 2000, Kurs z. Z. 49 DM pro 100 DM, Rückzahlung im Jahre 2.000: 100 DM.

Steuerlich sind Zerobonds dann interessant, wenn man die Fälligkeit der Zinsen ins Rentenalter legt, indem meist die Steuerprogression geringer ist als im Berufsleben. Man bekommt während der Laufzeit keine Zinsen ausgezahlt. Jedoch kann man die Zerobonds jederzeit wieder verkaufen.

Tip

Man sollte unbedingt auf die Bonität des Schuldners achten, denn am Ende der Laufzeit kommt die Stunde der Wahrheit.

Zinsen

→ *Kapitaleinkünfte*

Zuckerkrankheit

→ *Diabetes mellitus*

Zuzahlungen zu Lebensversicherungen

Der Bundesminister für Finanzen hat festgelegt, unter welchen Voraussetzungen eine freiwillige Zuzahlung zur Lebensversicherung zur Verkürzung der Versicherungsdauer steuerlich absetzbar ist und keine Kapitalertragssteuer anfällt. Mit den klaren Aussagen der Finanzverwaltung ist die bisherige Rechtsunsicherheit hinsichtlich der Höhe der Zuzahlung sowie eventuell erforderlicher Restlaufzeiten beseitigt.

Die Möglichkeit zum → *Sonderausgaben*abzug sowie die Steuerfreiheit der Zinserträge sind dann auch bei Zuzahlungen gegeben, wenn folgende Einschränkungen beachtet werden:

- Die erste Zuzahlung darf frühestens nach Ablauf von fünf Jahren nach Abschluß Ihres Vertrages erfolgen.
- Die Restlaufzeit Ihres Vertrages nach der letzten Zuzahlung muß mindestens fünf Jahre betragen.
- Die Summe der Zuzahlungen in einem Kalenderjahr darf nicht mehr als 10 % der Versicherungssumme betragen.
- Die Summe aller Zuzahlungen während der Vertragslaufzeit darf 20 % der Versicherungssumme nicht übersteigen.
- Die Gesamtlaufzeit Ihres Vertrages darf durch Zuzahlungen nicht unter 12 Jahre sinken.

3 Anlagen

3.1 Allgemein-Adressen

Älteren Generation, eV, Bundeskongreß und Solidargemeinschaft der ... 3500 Kassel 1, Postfach 100665, Friedrich-Ebert-Str. 3, Tel. 0561-12682, Fax. 102579, Vorsitzender Eduard Ziehmer, Geschäftsführer Irene Wittig, Pr+PR Bernhard Riese

Allergiker- und Asthmatikerbund eV, 4050 Mönchengladbach 1, Postfach 165, Hindenburgstr. 110, Tel. 02161-183024, Geschäftsführer Dr. Jürgen Heinemann, Pr+PR Angela Lauter

Alten- und Pflegeheime eV, Bundesverband privater ..., 5300 Bonn 1, Meckenheimer Allee 145, Tel. 0228-631655, Vorsitzender Werner Schulz, Geschäftsführer und PR Dr. Helmut Tesch

Alten- und Pflegeheime, Freie ... siehe Altenhilfe auf Bundesebene

Altenheimen eV, Verband der Leiter von ..., 3221 Winzenburg, Am Schaperkamp 12, Tel. 05184-1863, Fax. 1511, Vorsitzender und Geschäftsführer Rolf Tewes, Pr Klaus Höfer, c/o Schenkel-Schoeller-Stift, 5160 Düren-Niederau, Von-Aue-Str. 7, Tel. 02421-596141

Altenheime und gleichartige Einrichtungen ... siehe Altenwohnheime

Altenhilfe auf Bundesebene (FAB), Verband der Privaten Alten- und Pflegeheime eV, (Gemeinnütziger Verband), Freie ... 6800 Mannheim 1, I 14/11, Tel. 0621-101315, Vorsitzender Gerhard Abelein

Altenhilfe ... siehe Notmutterdienst

Altenwohnheimen, Altenheimen und gleichartigen Einrichtungen eV, Interessengemeinschaft der Bewohner von ..., 5357 Swisttal 1, Vorgebirgsstr. 1, Tel. 02254-2812, Fax. 7046, Vorsitzende Johanna Souchon, Geschäftsführer + Pr Rechtsanwältin Katrin Markus

Alterserscheinungen (Frühgeriatrie) eV, Deutsche Liga zur Bekämpfung frühzeitiger ..., 7618 Nordrach-Klausenbach, Kolonie 5, Schwerpunktklinik Klausenbach, Tel. 078 38-82240, Fax. 707, Vorsitzender Prof. Dr. Bernd Fischer, Geschäftsführer Dr. Rudolf Schwarz

Altersfragen, Deutsches Zentrum für ... 1000 Berlin 42, Manfred-v.-Richthofen-Str. 2, Tel. 030-7866071, Vorsitzender Werner Müller, Geschäfts-führer Irma Haase, Pr+PR Roland Schmidt

Altershilfe eV - Wilhelmine Lübke-Stiftung, Kuratorium Deutsche ...
5000 Köln 1, An der Pauluskirche 3, Tel. 0221-313071, Vorsitzender Günther Buhlmann, Geschäftsführer Dr. Sigrid Lohmann, Pr Dr. Reinhard Dierl

Arbeiterwohlfahrt - Bundesverband eV, 5300 Bonn 1, Oppelner Str. 130, Tel. 0228-66850, Telex 8869654, Vorsitzender Otto Fichtner, Geschäftsführer Richard Haar, Pr+PR Joachim F. Kendelbacher

Behinderte" eV, Bundesarbeitsgemeinschaft „Hilfe für ...,
4000 Düsseldorf, Kirchfeldstr. 149, Tel. 0211-310060, Vorsitzender Dr. Hans Aengenendt, Geschäftsführer Christoph Nachtigäller, Pr+PR Ursula Möller, Leonie von Manteuffel

Blinden und Sehbehinderten in Studium und Beruf eV, Deutscher Verein der ..., 3550 Marburg, Frauenbergstr. 8, Tel. 06421-4814 40, Vorsitzender Dr. Otto Hauck, Geschäftsführer Wolfgang Angermann, Pr+PR Heidi Röger

Blindenbildungswerk GmbH, Deutsches ..., 5300 Bonn 2, Bismarckallee 30, Tel.- 0228-353018, Geschäftsführer Dieter Nagel

Blindenverband eV, Deutscher ...,
5300 Bonn 2, Bismarckallee 30, Tel. 0228-353019, Vorsitzender Regierungsdirektor Armin Kappallo

Bundessenioren-Vertretung eV,
1000 Berlin 33, Wangenheimerstr. 27, Tel. 030-8913597, Vorsitzender Albert Gmünd, Pr Ingeburg Seidte

Caritasverband eV, Deutscher ...
7800 Freiburg, Karlstr. 40, Tel. 0761-200-0, Fax. 200-572, Telex 772417, Präsident Prälat Dr. Georg Hüssler, Generalsekretär Josef Schmitz-Elsen, Pr Dr. Thomas Broch

Deutsches Zentrum für Altersfragen eV, 1000 Berlin 42, Manfred-von-Richthofen-Str. 2, Tel. 030-7866071

Diakonisches Werk der Evangelischen Kirche in Deutschland eV,
7000 Stuttgart 10, Postfach 101142, Stafflenbergstr. 76, Tel. 0711-2159-0, Fax. 2159-288, Telex 723557, Präsident Pfarrer Karl Heinz Neukamm, Pr+PR Hans-Joachim Hofmann

Freie Altenhilfe auf Bundesebene eV, Gemeinnütziger Fachverband der privaten Alten- und Pflegeheime in Deutschland, Bundesgeschäftsstelle L 14, 11, 6800 Mannheim 1, Tel. 0621-101315

Gehörlosen und Schwerhörigen eV, Deutsche Gesellschaft zur Förderung der ..., 6000 Frankfurt 60, Rothschildallee 16 a, Tel. 069-459237, Vorsitzender Pfarrer Heinz Barow

Gewerkschaft der Rentner und Hinterbliebenen - GdRH -, Freie ...,
8900 Augsburg 21, Roseggerstr. 3, Tel. 0821-812782, Vorsitzender + Pr Albert Gotthold

Graue Panther → *Lexikonteil*

Interessengemeinschaft der Bewohner von Altenwohnheimen, Altenheimen und gleichartigen Einrichtungen eV, 5357 Swisttal 1, Vorgebirgsstr. 1, Tel. 02254-2812 + 7045, Fax. 02254-7046, Geschäftsführerin Rechtsanwältin Katrin Markus

Juden in Deutschland eV, Zentralwohlfahrtstelle der ..., 6000 Frankfurt 1, Hebelstr. 6, Tel. 069-430206-08, Fax. 494817, Vorsitzender Paul Spiegel, Geschäftsführer Benjamin Bloch

Kuratorium Deutsche Altenhilfe, An der Paulskirche 3, 5000 Köln 1, Tel. 0221-313071

Kuratorium Wohnen im Alter eV, 8025 Unterhaching, Rathausstr. 36, Tel. 089-6105-500, Fax. 089-6105-538, Durchwahlnummer der Belegungsabteilung 089-6105-5 42

Privatpflegedienste, 7000 Stuttgart 1, Planckstr. 80, Tel. 0711-2369469

Rentenberater eV, Bundesverband der ..., 5000 Köln 90, Alfons-Kafka-Str. 4, Tel. 0221-234516, Vorsitzender Hans-Joachim Henkel, Geschäftsführer + Pr Rechtsanwalt Holger Grauel

Rotes Kreuz, Deutsches ..., 5300 Bonn 1, Friedrich-Ebert-Allee 71, Tel. 0228-5411, Telex 886619, Präsident Botho Prinz zu Sayn-Wittgenstein-Hohenstein, Generalsekretär Dr. Hermann Schmitz-Wenzel, Pr Horst F. Hamborg, PR Rolf Herbach

Ruhestandsbeamten, Rentner und Hinterbliebenen im Deutschen Beamtenbund (BRH), Bund der ..., 6500 Mainz, Postfach 1464, Aliceplatz 4, Tel. 06131-223371, Fax. 06131-225625, Vorsitzender und Geschäftsführer Hermann Lumm, Pr+PR Dr. Herbert Bartsch

Schmerzhilfe eV, Bundesverband Deutsche ..., 2000 Hamburg 20, Woldsenweg 3, Tel. 040-465646, Präsident Dr. Hugo A. Baar, Vizepräsident Dr. Justus Meyer, Prof. Dr. Gholam Sehhati-Chafal, Geschäftsführer + Pr Holger Paschke

Schwerhörigenbund eV, Deutscher ..., 2000 Hamburg 76, Wagnerstr. 42, Tel. 040-291605, Fax. 040-2997265, Präsident Rechtsanwalt Dr. Claus Harmsen, PR Kurt Osterwald

Senioren 83 eV, Interessengemeinschaft der ... (Vertretung der Welt-Senioren-Organisation F.I.A.P.A. für die Bundesrepublik Deutschland), 3500 Kassel, Waldemar-Petersen-Str. 36, Tel. 0561-53926, Vorsitzender Fritz-Hermann Luther

Senioren-Schutz-Bund SSB „Graue Panther“ eV, 5600 Wuppertal 2, Rathenaustr. 2, Tel. 0202-665543, Erste Vorsitzende Trude Unruh, Zweite Vorsitzende Lisette Milde

Senior-Experten → *Lexikonteil*

Sozialversicherten, der Rentner und deren Hinterbliebenen Deutschlands eV, Zentralverband der ..., 5632 Wermelskirchen 1, Postfach 1664, Brückenweg 30, Tel. 02196-2760, Vorsitzender und Geschäftsführer + PR Wilhelm Hebrock, Pr Ernst Schütz, 5630 Remscheid 1, Hadenbacher Str. 10

Sterben, Deutsche Gesellschaft für Humanes ..., 8900 Augsburg, Postfach 110529, Lindenstr. 13, Tel. 0821-416011, Vorsitzender Dipl. sc. pol. Hans Henning Atrott

Vormundschaftswesen DIV, Deutsches Institut für ..., 6900 Heidelberg 1, Postfach 102020, Zähringerstr. 20, Tel. 06221-160707, Vorsitzender Prof. Dr. Wilfried Schlüter, Direktor Walter H. Zarbock

Wohlfahrtsverband - Gesamtverband eV, Deutscher Paritätischer ..., 6000 Frankfurt 71, Heinrich-Hoffmann-Str. 3, Tel. 060-6706-0, Telex 411219, Vorsitzender Prof. Dr. Dieter Sengling, Hauptgeschäftsführer Dipl.-Sozw. Klaus Dörrie, Pr+PR Inge Niemeyer

3.2. Investmentanlage

Anlagebetrag von 10.000,- DM										
Ausgabeaufschlag 3 %	Entwicklung nach x Jahren									
Zinssatz	5 Jahre	6 Jahre	7 Jahre	8 Jahre	9 Jahre	10 Jahre	15 Jahre	20 Jahre	25 Jahre	30 Jahre
6 %	12.991,62	13.771,11	14.597,38	15.473,22	16.401,62	17.385,71	23.266,01	31.135,16	41.665,87	55.758,34
6,5 %	13.300,95	14.165,51	15.086,27	16.066,87	17.111,22	18.223,45	24.967,71	34.207,92	46.867,82	64.212,97
7 %	13.616,14	14.569,28	15.589,12	16.680,36	17.847,99	19.097,35	26.785,02	37.567,37	52.690,18	73.900,71
7,5 %	13.937,29	14.982,59	16.106,28	17.314,25	18.612,82	20.008,78	28.725,20	41.238,74	59.203,54	84.994,34
8 %	14.264,47	15.405,63	16.638,08	17.969,13	19.406,66	20.959,19	30.795,92	45.249,31	66.486,09	97.689,88
8,5 %	14.597,77	15.838,58	17.184,86	18.645,57	20.230,44	21.950,03	33.005,31	49.628,66	74.624,47	112.209,58
9 %	14.937,27	16.281,62	17.746,97	19.344,20	21.085,17	22.982,84	35.361,95	54.408,74	83.714,59	128.805,27
9,5 %	15.283,06	16.734,95	18.324,77	20.065,62	21.971,86	24.059,18	37.874,90	59.624,13	93.862,62	147.762,17
10 %	15.635,22	17.198,75	18.918,62	20.810,48	22.891,53	25.180,69	40.553,75	65.312,21	105.185,97	169.403,06
Ausgabeaufschlag 5 %										
Zinssatz	5 Jahre	6 Jahre	7 Jahre	8 Jahre	9 Jahre	10 Jahre	15 Jahre	20 Jahre	25 Jahre	30 Jahre
6 %	12.744,04	13.508,68	14.319,21	15.178,36	16.089,06	17.054,40	22.822,64	30.541,84	40.871,87	54.695,78
6,5 %	13.047,48	13.895,56	14.798,78	15.760,70	16.785,14	17.876,18	24.491,91	33.556,04	45.974,68	62.989,30
7 %	13.356,67	14.291,64	15.292,05	16.362,49	17.507,87	18.733,42	26.274,59	36.851,47	51.686,10	72.492,42
7,5 %	13.671,70	14.697,07	15.799,35	16.984,31	18.258,13	19.627,49	28.177,80	40.452,87	58.075,33	83.374,65
8 %	13.992,64	15.112,05	16.321,02	17.626,70	19.036,83	20.559,78	30.209,06	44.387,02	65.219,10	95.828,25
8,5 %	14.319,59	15.536,75	16.857,38	18.290,25	19.844,92	21.531,74	32.376,35	48.682,91	73.202,39	110.071,26
9 %	14.652,62	15.971,35	17.408,77	18.975,56	20.683,37	22.544,87	34.688,07	53,371,90	82.119,29	126.350,70
9,5 %	14.991,82	16.416,04	17.975,56	19.683,24	21.553,15	23.600,70	37.153,14	58.487,91	92.073,93	144.946,35
10 %	15.337,27	16.871,00	18.558,10	20.413,91	22.455,30	24.700,83	39.780,84	64.067,60	103.181,50	166.174,84

Entnahmeplan über 100.000,- DM/monatliche Rente

Ausgabeaufschlag 3 %					Kapitalverzehr in					
Zinssatz	Kapital-erhaltung	5 Jahren	6 Jahren	7 Jahren	8 Jahren	9 Jahren	10 Jahren	12 Jahren	15 Jahren	18 Jahren
6 %	465,98	1.868,79	1.601,82	1.410,57	1.262,04	1.157,19	1.069,82	938,76	810,62	723,24
6,5 %	504,81	1.890,14	1.623,17	1.431,93	1.290,19	1.179,52	1.093,12	963,03	835,86	747,87
7 %	543,64	1.911,50	1.644,53	1.454,25	1.312,52	1.202,82	1.116,42	987,30	861,10	774,69
7,5 %	582,48	1.932,86	1.665,89	1.476,58	1.334,85	1.226,12	1.139,71	1.011,57	886,34	800,91
8 %	616,45	1.954,22	1.688,22	1.498,91	1.358,14	1.249,41	1.163,01	1.035,84	911,58	827,12

Ausgabeaufschlag 5 %					Kapitalverzehr in					
Zinssatz	Kapital-erhaltung	5 Jahren	6 Jahren	7 Jahren	8 Jahren	9 Jahren	10 Jahren	12 Jahren	15 Jahren	18 Jahren
6 %	457,10	1.833,17	1.571,29	1.383,69	1.243,70	1.135,14	1.049,43	920,87	795,17	709,46
6,5 %	495,19	1.854,12	1.592,24	1.404,64	1.265,60	1.157,04	1.072,28	944,68	819,93	734,22
7 %	533,28	1.875,07	1.613,19	1.426,54	1.287,50	1.179,89	1.095,14	968,49	844,69	759,93
7,5 %	571,38	1.896,02	1.634,14	1.448,44	1.309,41	1.202,75	1.118,00	992,30	869,44	785,64
8 %	604,71	1.916,97	1.656,04	1.470,35	1.332,26	1.225,61	1.140,85	1.016,10	894,20	811,35

3.3 Vermögensbildungsgesetz bzw. 936,00-DM-Gesetz

Anlagemöglichkeiten	Bausparen	Lebensversicherung	Banksparen	Investment*
Höchst- förderung	936,00 DM oder 78 DM monatlich	936,00 DM oder 78 DM monatlich	936,00 DM oder 78 DM monatlich	936,00 DM oder 78 DM monatlich
Arbeitnehmersparzulage bis zu verst. EK von DM	10 % 27.000/54.000	./. —	./. —	20 % 27.000/54.000
Mindest-Bindefrist	7 Jahre	12 Jahre	7 Jahre	7 Jahre
Rendite	ca. 2-4,75 %	ca. 5-6,5 %	ca. 3 % + 14 % Prämie einmalig = ca. 6 %	ca. 6-12 %
Vorteile	+ günstiges Baudarlehen + staatliche Förderung	+ Versicherungs- schutz + Rendite steuerfrei	+ durch- schnittliche Verzinsung	+ höchst- mögliche Verzinsung + staatliche Förderung
Nachteile	- geringe Verzinsung - Abschlußgebühr	- keine Förderung - lange Lauf- zeit	- keine Förderung - Zinsen steuerpflichtig	- mögliche Kursverluste - Ausgabe- aufschlag
Ihre persönliche Berechnung:				
Sparleistung ./. AG-Anteil ./. AN-Sparzulage**) Eigenanteil				

*) Aktienanteil: 70 %
**) Arbeitnehmersparzulage wird jährlich nachträglich vom Finanzamt ausgezahlt.

3.4 Hausrat-Versicherungsbedingungen im Vergleich

	VHB 84	VHB 74
Versicherte Gefahren		
Vandalismus	Versichert	Nicht versichert
Diebstahl aus Kfz	Nicht versichert	Entschädigungsgrenze 500 DM
Diebstahl von Gartenmöbeln und Gartengeräten	Nicht versichert	Entschädigungsgrenze 500 DM
Fahrraddiebstahl	Nicht versichert, Mitversicherung gegen Zuschlag möglich	Entschädigungsgrenze 500 DM
Einbruchdiebstahl und Raub durch Hausangestellte	Nicht versichert	Entschädigungsgrenze 1000 DM
LW-Schäden an Bodenbelägen,Innenanstrichen oder Tapeten der gemieteten Wohnung	Versichert, keine Entschädigungsgrenze	Entschädigungsgrenze 10 % der Versicherungssumme, höchstens 5000 DM
Glasbruch	Nicht versichert	Versichert, einfache Verglasungen
Höherwertige Gegenstände	Entschädigungsgrenze 20 % der Versicherungssumme für Wertsachen, und zwar: a) Bargeld b) Urkunden c) Schmucksachen, Edelsteine, Perlen, Briefmarken Münzen, Medaillen, Sachen aus Gold oder Platin d) Pelze, Teppiche, Kunstgegenstände, Silbersachen e) Antiquitäten außer Möbel Entschädigungsgrenze kann erhöht werden	Mehrere Einzelentschädigungsgrenzen, die sich teilweise überschnitten haben.
Versicherte Kosten	Aufräumungskosten, Bewegungs- und Schutzkosten, Schadenminderungskosten, Schloßänderungskosten, Gebäudebeschädigungen bis zur Höhe der Versicherungssumme mitversichert	Aufräumungskosten auf 500 DM begrenzt
Versicherungswert	Neuwert	Neuwert, soweit Zeitwert mind. 50 % des Wiederbeschaffungswertes bzw. Regel nach Neuwertzusatzklausel
Unterversicherung	Wird wie bisher angerechnet, aber genereller Unterversicherungsverzicht, wenn als Versicherungssumme wenigstens 1000 DM pro Quadratmeter Wohnfläche vereinbart werden.	Wird angerechnet
Außenversicherung	Entschädigungsgrenze 10 % der Versicherungssumme, maximal 15.000 DM. Vorübergehend:ist auf 3 Monate begrenzt.	Entschädigungsgrenze 10 % der Versicherungssumme, maximal 10.000 DM. „Vorübergehend“ nicht definiert
Summenanpassung	Nach § 16 obligatorisch nach Preisindex für "Andere Verbrauchs- und Gebrauchsgüter ohne Nahrungsmittel und ohne normalerweise nicht in der Wohnung gelagerte Güter“	Mit Summenanpassungsklausel zu vereinbaren
Gewerblich genutzte Räume	Nicht versichert	Versichert, wenn zur Wohnung gehörend

Gesamtstichwortverzeichnis